컨조인트 분석을 활용한
광고 컨셉 개발

컨조인트 분석과 광고 컨셉

컨조인트 분석을 활용한
광고 컨셉 개발

장택원 지음

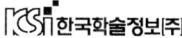한국학술정보㈜

　　컨조인트 분석은 매우 유용한 분석 중 하나로서 다양한 분야에 활용이 가능하다. 필자가 이 통계기법에 관심을 가진 것은 18년 전이다. 현업에서 모 전자회사 디자인 센터에서 낯선 것을 가지고 와서 리서치가 가능하냐는 얘기를 했을 때 일단 프로젝트를 받고 보자는 생각에서 무조건 할 수 있다고 하고 매뉴얼을 구해다가 이 오묘한 통계기법을 실무에 활용하였다. 너무나 재미있는 기법인 것을 알게 되어 꾸준히 이에 대한 스터디를 했었고 1998년에 SPSS에서 사례발표회에 발표를 한 바 있다.

　　예전에 연구방법론을 은사님께 들으면서 은사님께서 하신 말씀이 생각난다. 'Number crunch'라는 말이었다. 즉 기본적인 원리도 모르면서 무조건 통계 패키지에 집어넣어 가공하는 그런 행태를 지적하는 말이었다. 필자도 그 얘기를 약 20년간 명심하면서 실무에서도 그리고 학문하는 데 있어서도 통계기법이 갖는 기본원리와 통계가 갖는 한계점 그리고 이를 현상에 적용하는 데 있어서 유의점 등을 꼬박꼬박 점검해 본다. 매력이 있지만 매력이 있는 만큼 함정도 많은 것이 다양한 다변량 통계기법인 것 같다. 이 작은 연구서가 통계기법을 다양하게 적용하고자 하는 사람들에게 조그마한 도움이라도 되었으면 하며, 이 작은 연구를 하는 동안 많은 도움을 주신 분들께 감사를 표시하며 늘 힘이 되어 주는 사랑하는 정수, 정우와 가족들에게 감사의 마음을 보낸다.

2009년 따스한 햇볕이 드는
하양의 연구실에서

차례

chapter 1

서언

본 연구는 광고 연구에서 방법론의 다양성을 확보하기 위한 실험적 연구로서 경영학이나 마케팅 연구에서 의사결정 모델에 다양하게 적용되고 있는 컨조인트 분석을 광고학 연구에 도입하고자 하는 목적으로 연구하였다.

본 연구는 첫째, 광고학 연구에서 컨조인트라는 방법론의 도입을 통해 광고 조사의 영역을 확대하고자 하였다. 둘째, 광고 컨셉 추출 방법을 좀 더 과학적이고 소비자 중심적으로 접근하여 광고 현업 종사자들에게 광고 컨셉의 선정 과정을 실무 차원에서 제시하고자 하였다. 셋째, 컨조인트 방법론에 대한 이론적 논의와 실증적 검증을 통한 방법론 영역의 심화 연구를 진행하고자 하였다.

본 연구를 통해 기대되는 효과는 첫째, 광고 조사 영역의 새로운 방법론 모색과 방향 제시, 둘째, 실무자들에게 광고 컨셉을 선택하는 방법과 조사 모듈 제시, 셋째, 컨조인트 분석의 효용성에 대한 실증 등이다.

본 연구는 이미 마케팅 의사결정에 약 30년간 응용되고 있는 컨조인트 분석을 광고 연구에 도입하고자 시도되는 연구이다. 마케팅 분야에서 또는 다양한 실무 분야에서 다양하게 이용되고 있는 컨조인트 분석은 그 비판과 지지를 통해 강력한 의사결정 툴로서 자

리잡고 있다(Green and Srinivasan, 1990). 컨조인트 분석은 다양한 선택들의 조합에서 최적의 선호도를 갖는 대안을 찾는 가장 효율적인 방법으로 마케팅 연구나 제품의 디자인 연구에 많이 활용되고 있다. 본 연구자는 이러한 방법론적인 특징을 가진 컨조인트를 광고 연구에서 활용할 수 있는 방안을 찾아보고자 한다. 광고 제작을 하는 단계 중에서 가장 처음 단계 중의 하나인 광고 컨셉 추출과 컨셉 선택에는 다양한 대안들이 존재하게 마련이다. 이러한 대안들은 모든 조합을 평가하기에는 측정의 방법적인 문제가 뒤따르게 된다. 그렇기 때문에 다양한 대안들의 조합을 찾아내는 단계부터 이러한 조합들을 효율적으로 조사하여 가장 최적의 대안들을 찾는 컨조인트 분석을 통해 합리적이고 과학적인 광고 컨셉 추출 및 컨셉의 평가를 하고자 하는 것이 본 연구의 목적이다.

chapter 2

컨조인트 분석의 개념

컨셉 테스트

일반적으로 컨셉 테스트는 신제품 개발 단계에서 시작하는 것이다. 신제품 개발 단계에서는 다양한 소스를 기초로 아이디어 개발부터 제품 개발 단계의 테스트 마켓까지 다양하다. 그중에서도 연구자가 시도하고자 하는 연구는 기본적인 제품 개념이 확립되고 생산된 연후에 광고를 하기 전 단계에서 적합한 광고 컨셉을 소비자에게 제공하는 소비자 조사를 의미한다. 이러한 과정을 이해하기 위해서는 컨셉 테스트에 활용되는 다양한 조사 방법들을 이해해야 한다.

1) 사전 컨셉 테스트

사전 컨셉 테스트는 초기 제품 개발 단계를 거친 제품 관련 컨셉 테스트들을 모두 포함하고 있다. 이러한 조사 방법에는 회사 내의 중역들에 대한 인터뷰, 포커스 그룹 인터뷰, 패널 테스트, 전화 조사, 우편 조사 등이 실시되고 있다. Blankenship, Breen and Dutka(1998)에 의하면 다음과 같은 중요한 내용들을 포함하고 있어야 한다고 한다.

- 신제품의 이점과 효익
- 제품 구매 의사결정에서 가장 중요한 제품 속성들
- 경쟁 회사와 비교한 제품의 독특성
- 현재 제품에서 고객들이 만족하는 점
- 신제품을 가장 구매하려는 소비자의 특성
- 신제품이 타깃 시장의 요구 부합성
- 신제품의 적절한 가격
- 신제품이 회사의 기존 제품 판매에 영향을 주는 정도

이러한 신제품 사전 컨셉 테스트 조사는 대부분이 정성적인 평가 형식을 갖는다. 컨셉 테스트 중에서 가장 성공적인 방법 중의 하나는 Focus Group Interview(이하 FGI)이다. 아래에서는 FGI의 형식과 진행에 대해서 상세히 알아보겠다. 일반적으로 FGI는 다섯 개의 주 세분 단계로 이루어져 있는데 Blanketship et. al.(1998)이 제시하고 있는 신제품 컨셉 테스트의 Format은 <표 1>과 같다.

〈표 1〉 제품 컨셉 테스트를 위한 Focus Group Format

할당 시간	구성
10분	1. 소개 / warm - up - focus group의 목적 논의 - FGI에서 규범과 행동 설정 - 참석자 소개
40분	2. 제품 컨셉에 대한 소개 - 제품 목표의 개요 - 제품 속성에 대한 논의 - 참가자들에 의한 제품 컨셉 논의 - 기존 제품에 대한 만족수준 결정
10분	3. 첫 번째 질문 - 참석자들이 간단한 설문 작성

할당 시간	구성
50분	4. 제품 컨셉에 대한 In-Depth 논의 　- 제품 구매 의향에 대한 의도 논의 　- 제품 구매를 막는 요인들 　- 제품 개조에 필요한 속성과 형태 결정
10분	5. 최종 질문 　- 가격 정보와 더불어 제품 구매의사 타진

출처: Blankenship, A. B., Breen, George Edward and Dutka, Alan(1998). State of the Art Maketing Research, 2nd(Ed.)(Chicago, IL: NTC Business Books), 268.

　여기서는 컨셉 테스트에서 많이 활용되는 FGI에 대해서 그 특성과 진행 방식에 대해서 간단히 알아보고자 한다. 일반적으로 <표 1>에도 나타나 있듯이 FGI는 다섯 단계로 이루어지는데 초기 소개 부분에서 시작을 하고 제품 컨셉에 대해서 소개를 하는 두 번째 단계를 거치고 참석자들에게 제품 컨셉에 대한 질문을 하고 네 번째 단계에서는 제품 컨셉에 대해서 다양하게 논의를 진행하고 마지막 단계에서는 제품 구입 여부를 묻는 과정으로 이루어져 있다.

2) 정제된 컨셉 테스트 단계

　사전 컨셉 테스트에서 제품 컨셉에 대해서 어느 정도 충분한 결과가 나타나면 연구자들은 특정 제품 속성 분석을 위한 좀 더 세밀한 분석에 초점을 둔다. 이 단계에서 가장 많이 사용하는 방식은 컨조인트 분석이다. 컨조인트 분석은 다음과 같은 네 가지 가정이 충족되었을 때 행한다(Blankenship et. al., 1998, 279).

- 첫째, 제품이 일단의 제품 속성에 의해서 표현될 때
- 둘째, 소비자들이 제품을 일단의 제품 속성으로 이루어진 것으로 보고 있고 이러한 특성들이 다른 특성과 trade off 관계가 형성될 때
- 셋째, 다양한 제품 속성의 개별 효용치의 합이 전체 제품의 효용치가 될 때
- 넷째, 효용치가 높은 제품이 효용치가 낮은 제품보다 더 매력적일 때

이러한 가정을 충족할 때 컨조인트 분석은 다음과 같은 유용한 정보를 제공한다(Blankenship et. al., 1998, 280).

- 각 제품 속성의 상대적 중요도
- 각 제품 속성의 가장 바람직한 수준
- 제품의 잠재적인 시장 점유율
- 시장 세분화 정보

컨조인트 분석의 특성과 그 측정 방법에 대해서 좀 더 자세히 알아보자.

02
컨조인트 분석

1) 컨조인트 분석의 개요

컨조인트 분석은 30년 전에 최초로 도입되어 마케팅 분야 및 의사결정 분야에서 다양하게 사용되고 있다(Green and Srinivasan, 1990). Green and Wind(1975)는 새로운 소비자의 판단을 측정하는 도구로서 컨조인트를 소개한 바 있다. 그들은 가상의 회사를 설정하여 청소기를 디자인하는데 어떻게 소비자의 선호도를 반영할 것인가에 대해서 초점을 두었다. 이들은 청소기 끝에 탈부착하는 솔 모양의 디자인과 브랜드 네임, 가격, 좋은 제품이라는 보증 표시 부착과 환불 보증 등 다섯 개의 속성 또는 요인들을 제시하였다. 구체적으로 Green and Wind(1975)의 사례를 제시하면 다음과 같다.

청소기 솔의 세 가지 디자인(Green and Wind(1975) 참조)을 A, B, C 등으로 제시하였다. 브랜드 네임도 당시 존재하는 두 경쟁사를 포함시켰으며 새로운 브랜드도 제시하였는데, K2R, Glory, Bissell 등으로 제시하였다. 가격도 세 가지로 제시하였는데, $1.19, $1.39, $1.59등이었다. 다음으로는 'Good Housekeeping'이라는 씰을 부친 것과 부치지 않은 것으로 제시하였고, 환불 보장 조건도 제시한 것과 제시하지 않은 것으로 나누었다. 이렇게 제시된 5가지의 조건들은 3×3×3×2×2＝108가지의 대안들을 만들 수 있는 가능성이 있다. 이들을 소비자에게 모두 평가한다는 것 자체가 무리수가 따르므로 실험 설계 중에서 fractional factorial design이라는 무작위 배열을 통해서 모든 요인의 수준들이 평가될 수 있는 최소한의 조합을 추출하는 방법을 채택한다. 이렇게 하여 나온 제시될 모형의 수는 18개였다. 이 18개를 소비자들에게 순위를 매기도록 하였다. 여기서 Green and Wind(1975)는 문제를 제기하는데 단순히 순위만을 매겨서는 소비자들이 원하는 니즈의 강도를 알 수 없다는 것이었다.

순위를 매긴 자료는 컨조인트 분석을 통해서 다양한 산출물들을 만들었는데 가장 기초가 되는 utility를 계산하였는데 이 utility는 다섯 가지의 그래프 형태로 제시되었다. utility의 최댓값은 1.0이었고 최솟값은 0이었는데 5가지 요인들의 각 수준에 대해서 utility 값이 산정된다. utility 값은 각 요인의 각 수준별로 제시되기 때문에 소비자들에 의해 개별 조합 형태로 평가된 속성들의 조합으로부터 개별 속성의 각 수준별 효용치를 구해 낸다. 이것이 컨조인트 분석의 핵심인데 이것을 모든 조합에 대입을 하면 각 조합의 선호도를 구할 수 있어서 소비자가 가장 선호하는 최상의 모델을 구할 수 있게 된다.

다음으로 산출되는 의미 있는 값은 바로 중요도 값이다. 중요도는 각 요인들에서 가장 높은 효용치 값과 가장 낮은 효용치 값의 차이라고 할 수 있다. Green and Wind(1975)의 사례에서는 패키지의 디자인과 소비자 가격이 가장 중요한 것으로 나타났다.

이러한 결과들을 바탕으로 마케팅 관리 측면에서는 각 요인의 수준들이 소비자들의 선호도에 기여하는 바를 판단하고 향후 제품 설계에 반영할 수 있다는 장점을 지니고 있으며 모델별로 수요 예측까지 가능한 장점을 갖는다.

위의 사례를 바탕으로 각각 중요한 개념들에 대해서 다음에 제시하겠다. 효용치의 계산은 Green and Wind(1975)이 이미 소개한 바 있듯이 각 속성의 유용성 척도의 계산은 어떻게 각각이 소비자의 평가에서 영향이 있는가를 결정하는 것이다. 또한 속성의 중요도는 속성의 효용치 값들이 요인과 요인 간들에 의해 비교를 할 수 있는데 효용치로부터 계산된다. 이렇게 계산 과정을 거친 결과는 궁극적으로 소비자들이 가장 좋아하는 속성의 조합을 추출하여 가장 바람직한 제품 조합을 구성해 낼 수 있다. Green and Wind(1975)는 다양한 사례를 제시하면서 컨조인트 측정의 잠재력에 대해서 다양한 향후의 발전이 있다는 것을 제시하면서 신제품이나, 패키지 디자인, 그리고 가격과 브랜드 대안들, 신제품과 서비스의 언어적 묘사, 서비스의 대안의 디자인 등에 사용할 수 있다고 하였다.

컨조인트 분석은 제품의 다양한 속성들에 대해서 각 속성들의 조합을 묶음으로 평가하게 하여 그 속성들의 상대적 중요도를 평가한다(Cattin and Wittink, 1982).

컨조인트 분석은 다음과 같은 두 가지 가정하에 활용되고 있다. 첫째, 소비자의 선택 행위는 선호의 최대화에 지배되며, 둘째, 소비자들은 제품이나 서비스 효용을 얻는 속성의 묶음으로 본다(Louviere et al., 2000).

최근에는 선택에 근거한 컨조인트 분석이 널리 활용되고 있다

(Stuhl, 1994). 이 접근 방식은 경제적 선택 이론(McFadden, 1986)에 그 뿌리를 두고 있는데, 다음과 같은 네 가지 특성으로 되어 정의된다. 첫째, 확률적 선택 모델의 평가를 충족시키는 필요충분 조건의 실험 설계, 둘째, 선택 실험에서 수집된 데이터의 모델 파라메터들의 추정, 셋째, 이 설험에 근거한 모델의 테스트, 넷째, 원형 시장에서 선택 행위를 예측하는 추정 모델의 사용 등이다 (Batsell and Louviere, 1991).

선택에 근거한 컨조인트 분석은 Batsell과 Lodish(1981)에 의해 마케팅 조사에 처음 적용된 이래로 운송 분야, 여행 및 레크리에이션 분야, 환경 평가 그리고 쇼핑 행위 등 다양한 분야에 적용되었다(예를 들어, Louviere and Timmermans, 1990, Dellaert et al., 1995, Adamowicz et al., 1994, Boxall et al., 1996, Oppewal et al., 1997, Oppewal and Timmermans, 1999).

좀 더 세부적으로 컨조인트가 쓰이는 사례를 분석한 것을 보면 다음과 같다(Green and Srinivasan, 1990). Wittink와 Cattin이 1980년대에 시행된 컨조인트 분석 활용을 보면 소비재가 59%, 산업재가 18%, 재무 분야가 9%, 서비스 분야가 9% 등이었다. 또한 신제품 / 컨셉 평가, 리포지셔닝, 경쟁분석, 가격, 시장 세 분야 등이 주된 응용 분야였다. 대부분이 개인 면접에 의해 자료가 수집되었고, 각 대안들에 대해서 평점을 평가하거나 순위를 매기는 full – profile 방식이 가장 많이 활용되고 있다(Wittink and Cattin, 1989).

컨조인트 분석이 마케팅 분야 및 의사결정 분야 그리고 제품의 사양 선택 등에 사용되는 이유는 다음과 같다. 다양한 속성들의 조합들을 과학적으로 평가할 수 있는 편리함이 있고, 이러한 평가들에 의해 나타난 결과들을 통해 각 요인들이 갖는 소비자의 효용을 추출해 낼 수 있으며 최종적으로는 소비자들의 선호도에 의해 각 대안들이 선택될 확률을 분석해 낼 수 있다는 데 그 방법론적 장점이 있다.

full profile 컨조인트 분석은 6개 이하의 속성이 있을 때 가장 활용하기 적정하다(Green and Srinivasan, 1990). 속성들이 많은 full profile 방법은 확률평가에 기초하여 확장될 수가 있는데 세 가지 접근 방법이 있다. 그 세 가지 방법은 (1) 자기 설명적 접근법(self-explication approach), (2) 혼합 컨조인트 분석(hybrid conjoint analysis), (3) ACA (adaptive conjoint analysis) 등이다(Green and Srinivasan, 1990). 이 밖에 속성 프로화일을 제시하여 그것 중에서 선택하는 선택에 기초한 컨조인트도 있다(Lourviere, 1989).

2) 컨조인트 분석에 대한 장, 단점 논의

컨조인트 분석은 다양한 여러 통계적인 분석 방법과 더불어 다변량 분석에서 의사결정 모델에 상당한 영향을 주고 있다. 컨조인트 분석의 경우 다양한 분야에서 응용이 되어 왔는데 그중에는 호텔 디자인, AT&T의 최초 셀룰러 폰, E-Z 패스 톨게이트 시스템 그리고 IBM의 Risc 6000과 AS400 컴퓨터 디자인과 가격 책정에 쓰인 적이 있다(Green, 2001).

앞서도 Wittink와 Cattin(1989)이 1980년대에 쓰였던 컨조인트 분석의 종류와 용도를 밝힌 결과에서 보면 컨조인트 분석은 일반 소비제품에 가장 많이 쓰이면서 신제품 개발이나 경쟁분석 그리고 가격 책정 그리고 시장 세분화, 재포지셔닝, 광고 등에 활용되고 있다고 분석하고 있어서 1980년대에 들어와서는 다양한 방식에 컨조인트 분석이 이용되고 있음을 알 수 있고 이러한 경향은 최근까지 이어져 오고 있다. 컨조인트 분석에 활용되는 방식으로는 Full profile(컨셉 평가)가 가장 많이 쓰이고 있으며 최근에 올수록 Paired comparison 방식이 많이 활용되고 있다.

따라서 컨조인트 분석은 일반 소비제품이나 다양한 제품에서 컨셉 평가나 제품의 속성들에 대한 선호되는 패턴들을 다양하게 분석해 볼 수 있는 장점이 있는 것으로 나타나고 있다. 특히 신제품 개발 측면이나 새로운 개념의 도입의 평가에는 탁월함을 나타내고 있는데 Green, Krieger 그리고 Vavra(1997) 등은 제품의 컨셉 테스트 방법들에 대해서 심도 있는 논의를 하고 있다. 이들이 제시하는 컨셉 테스트 방법은 전통적인 방법과 컨조인트 방법에 대해서 소개하고 있다. 전통적인 컨셉 개발에 쓰인 방법은 이미 나온 제품에 대해서 평가하는 방식을 통해서 시장의 효율성과 비교적 저렴한 비용으로 활용되었다. 전통적인 방식의 컨셉 테스트 방법은 시장 점유율, 판매 등에 있어서 단기적으로 매우 정확한 수준의 시장에 대한 성과를 투사적 기법에 의해서 가늠해 보는 데 매우 효과적이었다.

최근에는 하이테크 제품들이 많이 등장하고 있는데 간단한 컨셉 보드 테스트를 통해서 전통적인 방법으로 컨셉 테스트를 하는 데는 한계가 있다. Green과 그 동료들(1997)에 의하면 AT&T의 경우는 신제품의 Prototype을 만들어서 아주 실제 제품과 거의 유사한 제품 모형을 통해서 소비자에게 컨셉 테스트를 하기 때문에 단순히 언어로만 테스트했던 컨셉 테스트보다는 매우 우월한 결과를 가져왔다고 분석하고 있다.

컨조인트 분석의 장점을 논할 때 빠지지 않는 것은 바로 다양한 선택 기준들을 제시하고 그것을 분석해 낼 수 있다는 점이다. 컨조인트 분석을 하는 컨셉 테스트는 대부분 선택의 리스크가 큰 제품에서 이러한 리스크를 줄일 수 있는 하나의 툴로서 작용하고 있다는 것이다.

컨조인트 분석이 신제품 컨셉 테스트에서 유용한 것은 다음과 같은 이유에서다.

- 제품과 관련된 기존의 규범에 대해서 잘 알 수 없을 때
- 연구자가 최종 제품의 디자인 형태에 대해서 확신이 없을 때
- 연구자가 다양한 가격과 수요에 대한 관계나 시장에서의 포지셔닝 그리고 구매자의 시장 세분화에 대해서 많은 의문점을 가질 때
- 신제품이 기술적으로 복잡하고 제품의 형태에 따라 소비자 학습에 관한 탐색이 필요할 때

이러한 경우에 신제품 컨셉 테스트에서 컨조인트가 장점을 갖는다(Green et al., 1997).

반면 이러한 컨조인트 분석에 관해서 다양한 견해가 존재할 수밖에 없는데 Gibson(2001)이 컨조인트 분석에 대한 한계점과 단점을 지적하고 이에 대해서 Green과 Krieger(2002)가 논쟁이 붙었는데 그에 대한 내용을 정리하면 다음과 같다.

Gibson(2001)은 컨조인트 분석이 불완전하고 비현실적인 통계기법이라고 하면서 다양한 속성과 수준들을 반영할 수 없는 한계가

있으며, 응답자에게 이미 연구할 목적을 드러냄으로써 피조사자들에게 자의식을 만들어 연구 결과가 오염된다는 점을 제시하고 있다. 이러한 컨조인트 분석의 한계점에 대해서 Green과 Krieger(2002)는 Gibson(2001)이 full-profile 컨조인트 모델이 다양한 수의 속성과 수준이 있을 때 적합하지 않다고 하면서 컴퓨터 프린터, 주유소, 껌 등과 같이 간단한 속성이 있는 제품에 적합하다고 한 것에 대해서 Gibson이 예전 방식의 중요도 측정 방식에 의한 것으로 회귀하고 싶어 하는 것처럼 보인다고 하면서 Gibson의 컨조인트 분석에 대한 비판을 폄하하고 있다. Green과 Krieger는 반론에서 과거에 행해졌던 속성 중요도 방식(self-explicated)과 컨조인트 방식이 별다른 차이 없는 결과들을 나타내고 컨조인트 방식에서는 다양한 제품의 속성들과 그의 레벨들을 전부 체크하여 각각의 속성과 레벨의 중요도를 알 수 있는 방법이기 때문에 Gibson(2001)의 비판을 실례를 들어서 반론하고 있다.

이들 연구자들의 논란은 과거 방식의 속성 중요도를 체크하여 그것을 바탕으로 조합하는 방식에 대한 것과 컨조인트에서 추구하고 있는 다양한 대안들의 조합들을 효과적으로 처리할 수 있는 새로운 방법론의 한계가 있느냐 없느냐와 실질적으로 이러한 접근들이 마케터들의 의사결정에서 어떻게 도움을 줄 수 있느냐의 논란으로 축약해 볼 수 있다.

컨조인트 분석에서 소프트웨어를 개발한 Sawtooth Software의 Orme(2002)은 컨조인트 분석에 대해서 Gibson이 2001년 마케팅 리서치에서 부정적으로 비판한 컨조인트 분석에 그 해법을 제시하면서 컨조인트 분석의 유용성에 대해서 장점을 논하고 있다.

3) 컨조인트 분석의 종류

Green & Srinivasan(1978)은 컨조인트 분석의 단계들을 다음 <표 2>와 같이 정리하고 있다.

<표 2> 컨조인트 분석 단계

단계	방법적 대안
1. 선호 모델 (preference model)	벡터 모델, 이상 점(Ideal point) 모델, 부분가치 기능 모델, 혼합 모델
2. 데이터 수집 방법	Full profile, tradeoff tables
3. 자극 구성	Fractional factorial design, 다변량 분할에 의한 무작위 표집, pareto-optimal design
4. 자극 제시 방법	언어로 제시(카드형태), 문단으로 제시, 사진이나 그래픽으로 표현, 직접 모형 제시
5. 종속변인 측정척도	평점척도, 순위척도, 비교척도, 총합 비교척도 등
6. 평가 방법	다중회귀분석, nonmetric, MONANOVA, PREFMAP, Logit, probit 등

출처: Green & Srinivasan(1990), "Conjoint Analysis in Marketing: New Developments With Implications for Research and Practice", Journal of Marketing(October), 5에서 재인용.

다중 속성 평가를 평가하는 방법은 컨조인트 분석을 이해하는 데 매우 유용한 접근 방법이다. 그러므로 다중 속성 평가의 방법들은 크게 세 가지로 나눠 볼 수 있는데 고전적인 방법인 조합적 방법(Self-Explication Approaches), 각 속성의 중요도를 직접 평가하는 방법, 비조합적 방법(컨조인트 분석) 그리고 이것을 합친 Hybrid 컨조인트 방법 등이 있다. 그 특징을 살펴보면 다음과 같다(Green & Srinivasan, 1990).

① Self-Explication Approaches

이 방식의 속성 평가는 가장 기초적인 방법인 것으로서 각 속성에 대해서 '바람직한 정도'나 '중요한 정도'를 평가 척도를 통하여 평가하는 방식이다. 이 방법은 다양한 척도를 사용하는 속성에 중요도 점수를 척도 방식으로 표시하는 방식과 각 속성의 차별화를 정확히 나타낼 수 있도록 강제로 점수를 할당하는 constant sum scale 등을 활용하는 방법이 가장 일반적이다.

이 방식의 가장 큰 장점은 속성이 많을 때 유리하고 평가 방법 자체가 매우 단순하다는 데 있다.

그러나 방법론적으로 문제가 될 수 있는 사항들이 존재하는데 그 첫 번째 것은 속성 평가된 점수 간의 상관성이 높은 경향을 보여서 속성 간의 중요도나 바람직한 정도의 차이가 잘 드러나지 않는다는 점이다. 또한 속성 평가를 하는 데 있어서 사회적으로 민감한 요인들에 대한 속성을 평가할 때 편향되는 경향을 보인다는 점이다.

두 번째 문제점으로 지적되는 것은 부분 합으로 평가할 경우 서로 얽혀 있는 속성들 간의 관계가 도외시될 경향을 보일 수 있다는 점이다. 세 번째 문제점으로 지적될 수 있는 부분은 조합에서는 불필요한 것들이 반복되어서 평가될 수 있다는 점이다. 네 번째로 지적될 수 있는 문제점은 제시되는 속성들이 양적인 데이터일 때 상대적인 중요도 점수와 선형관계가 형성될 수 있다는 점이다. 다섯 번째 문제점은 맥락적으로 제시된 내용에 대한 구매의사 평가가 불가능하다는 점이다.

그렇지만 이러한 한계에도 불구하고 다양한 속성이 있는 제품을 연구할 때는 매우 유용하다는 점이 이 분석의 장점이다.

② Hybrid Methods

Hybrid Methods(Green, Goldberg, and Montemayor, 1981)는 컨조인트 분석을 좀 더 단순하게 할 수 있게 하기 위해서 고안되었다.
이 분석에서는 피조사자는 각 속성에 대해서 중요도나 바람직성을 평가하게 되고 여기에 제한된 수의 full-profile 평가를 하게 된다. 제시된 조합 결과에 대해서 각 평가자는 전반적인 선호도를 평가하고 이것은 다중회귀 분석에 의해서 각 평가자의 효용치(utility)가 산출될 수 있다. 여러 연구자들(Green, 1984, Moore and Semenik, 1988)의 연구에서 hybrid와 full-profile 컨조인트 분석의 우수성들이 상대적으로 평가되었다. 그렇지만 다양한 속성을 가진 것을 평가할 때는 full-profile보다는 hybrid 방식이 더 효용성이 있는 것으로 평가된다(Green & Srinivasan, 1990).

③ Adaptive Conjoint Analysis

Sawtooth Software에서 제작한 Adaptive conjoint Analysis는 컴퓨터를 통한 선호도 데이터를 수집한다. 다른 분석과 다르게 ACA는 컨조인트 분석에서 데이터의 수집과 분석 그리고 시장 시뮬레이션 시스템 등에서 매우 실용적인 컨조인트 패키지라고 할 수 있다.
Green과 Srinivasan(1990)은 다양한 비교를 통해서 속성이 6개 이내인 경우에는 full-profile 방식의 컨조인트 분석이 가장 유용하다고 하였으며 그것보다도 속성이 많은 경우는 trade-off 방식이 유용하다고 정리하고 있다. 속성이 10개 또는 그 이상인 경우에는 속성 평가 방식인 self – explication 접근 방식이나 hybrid와 ACA의 조합 방식이 적합하다고 하고 있다.

4) 컨조인트에서 효용치와 속성 중요도

① 컨조인트에서 효용치 함수

컨조인트 분석에서 중요한 특징 중의 하나는 응답자들이 응답한 속성 대안 조합에 대한 선호도 평가에서 효용치 함수가 도출된다. 각 속성(컨조인트 분석에서는 factors라 불림)의 대안들(컨조인트 분석에서는 levels라 불림)에 대한 효용치가 산출되기 때문에 컨조인트 분석에서는 속성 대안들의 수준별 조합의 총 효용치 점수를 가지고 가장 최적의 속성 조합을 추출해 낼 수 있는 것이 장점이다. 이러한 효용치 함수는 결국 각 속성의 수준에 대한 중요도라고 해석할 수도 있다. 따라서 응답자들이 응답한 내용을 근거로 도출된 효용치 함수는 결국 속성 중요도와 같은 역할들을 하고 있으므로 이 것이 다양한 추후 다른 분석에 활용될 수 있는 것이다. 효용치의 수준의 갭의 크기가 클수록 상대적인 중요도가 크다. 즉 상대적인 중요도가 크다는 것은 각 속성에 대한 대안들에 따라서 응답자들의 반응의 크기가 크게 달라지므로 결론적으로는 속성 수준의 최댓값과 최솟값의 차이가 크다는 것은 다른 측면으로는 그 속성의 수준이 결국 응답자들이 각 속성의 수준에 따라서 선호도 차이가 크므로 이것을 해석하면 상대적으로 그 요인의 중요도가 크다는 것을 의미한다.

② 속성 중요도와 예측되는 시장 점유율

컨조인트 분석에서 각 속성의 수준별 효용치의 최댓값과 최솟값의 차이가 상대적인 속성 중요도라고 했다. 이러한 상대적인 중요도의 의미는 두 가지 차원에서 차후 분석에 활용될 수 있다. 각 응답자들의 효용치에 따라서 선호되는 속성 조합들이 발견되는데 각 응답자의 효용치에 의한 최적 속성 조합들은 응답자에 따라 다르지만 확률적으로 그 속성 조합이 전체 응답자에서 선호도가 가장 높을 확률을 컨조인트 분석은 추출해 낸다. 바로 이것으로 향후 시장 예측을 가능하게 하는 함수로 나타난다. 이러한 특성이 바로 해당 속성 조합의 제품이 선택될 확률들을 나타내고 이것이 바로 전체 시장에서 응답자들이 선택할 확률을 나타내고 이것을 컨조인트에서는 예측 시장 점유율로 해석하고 있다.

시장 세분화 분석 방법

시장 세분화는 다양한 분석 방법이 활용되고 있다. 컨조인트 분석은 독특한 통계적인 논리에 의해서 속성 조합이 있을 경우 해당되는 속성의 수준들의 효용치를 산출해서 이것을 함수화하고 그것을 효용치로 하여 다양한 향후 분석에 활용되고 있다. 그러면 기존의 시장 세분화 분석 방법의 종료와 각각의 특성은 어떤 측면이 있는가를 알아보자.

1) 시장 세분화 분석 방법 종류

일반적으로 시장 세분화는 소비자 데이터나 산업데이터를 기반으로 분석되고 있다. 시장 세분화는 주로 일반 소비자를 대상으로 하는 경우가 가장 많고 소비자의 시장 세분화는 크게 인구학적 속성과 심리적인 정보의 혼합에 의해서 행해지는 것이 일반적이다. 각 접근 방법의 특성은 다음과 같다.

- 인구학적 속성에 의한 것은 주로 성, 연령, 직업, 가족 크기 및 주기, 수입, 교육 정도 등 다양한 인구학적인 속성들이 활용되고 있다.
- 심리적 속성은 가장 일반적으로 활용되는 것은 소비자의 라이프스타일이다. 라이프스타일은 삶을 살아가는 방식에 관한 것들로서 기본적으로는 개인의 활동, 흥밋거리 그리고 의견 등을 조합한 것이 일반적인 라이프스타일 변수로 활용되고 있다.

이들을 분석하는 방법은 다양한데 일반적으로는 각 시장 세분화 변수를 활용하여 다양한 종속 변인들(선호도, 구매의사, 중요도, 브랜드 충성도 등)을 범주화된 각 세분화 변수들을 독립변수로 활용하여 분석하는 방법이 가장 흔한 방법이다. 또 다른 다변량 분석들은 다양한 태도와 행태 변인들을 다양한 통계적인 방법을 통하여 시장의 크기나 시장의 잠재력 등을 세분화하는 데 활용하고 있다. 또 다른 측면에서는 소비자들이 제품 속성의 어떤 점을 중시하는지를 기본적인 종속변인의 축으로 삼아서 시장을 분석하는 경우도 많은데 여기에는 다양한 속성들에 의한 평가를 바탕으로 다변량 분석을 하여 시장을 세분화하는 방식도 있고 이 중에는 컨조인트 분석과 같은 통계적인 특성을 활용한 선호도에 의한 시장 세분화를 가능하게 하는 방법도 있다. 다음은 본 연구의 핵심적인 분석 방법인 컨조인트를 통한 시장 세분화 방법의 기본적인 개념과 논리 그리고 활용 방법 등에 대해서 설명하고자 한다.

2) 컨조인트 분석에 의한 시장 세분화

시장 세분화와 포지셔닝 등의 개념은 이미 마케팅 영역에서는 50여 년 동안 진행되어 온 기초적이면서도 매우 중요한 시장 분석의 도구로 사용되고 있는 기법들이다. Smith(1956)가 최초로 시장 세분화에 대한 논문을 발표한 이후로 많은 연구자들이 시장 세분화 방법에 대해서 오랜 기간을 두고 기여해 왔다(Green & Krieger, 1991).

시장 세분화가 오랜 기간 동안 연구되어 오곤 했지만 가장 기본적인 아이디어는 다음과 같은 것들이다(Green & Krieger, 1991).

- 시장 세분화는 구매자의 제품 선호의 동질성을 가정하고,
- 제품 / 서비스에 대한 동일한 선호도는 각 개인의 특성 변인들(예를 들어, 인구통계학적 변인, 심리적 특성, 제품 사용, 브랜드 충성도 등) 또는 상황 변인들(예를 들어, 제품 구매 형태, 소비형태, 구매 목적 등)과 연관시킬 수 있으며,
- 관련 회사들은 구매자들의 동질한 선호를 바탕으로 현재 제공하는 제품 / 서비스 속성, 유통, 광고 / 프로모션 등을 개선할 수 있으며,
- 관련 회사들은 제품의 변경이 초래할 결과에 대해서 예측해 볼 수 있으며,
- 제품과 마케팅 믹스의 변경에 제품의 라인 추가 / 제거와 같은 결정 및 기존 제품의 재포지셔닝도 가능하게 해 줄 수 있다.

컨조인트 분석을 통한 시장 세분화 방법은 Green과 Krieger(1991)

에 의해 제안되었다. Green과 Krieger에 의하면 컨조인트 분석은 소비자의 선호도를 반영하고 부분 함수가 개인별 차원에서 측정되고 분석될 수 있고, 응답자의 기본적인 인구학적 데이터와 심리적인 데이터를 포함하고 있으며 끝으로 연구자가 다양한 새롭거나 수정되는 제안들을 제시하여 평가받을 수 있어 시장 세분화를 적용하는 데 적합하다고 하였다(Green and Krieger, 1991).

국내에서도 실무적인 차원에서 장택원(1998)이 1991년 세탁기 디자인에 적용했던 사례를 발표한 적이 있다. 이 사례 논문은 현업에서 적용한 결과를 발표한 것이었는데 당시 6가지 요인과 각 요인별 2개의 수준들을 포함하여 총 64가지 조합의 모델을 대상으로 컨조인트 분석을 적용하였다. 이 사례는 300명의 서울 거주 주부들을 대상으로 제품의 형태 조합을 사전 추출된 모형을 통해서 조사하였고 분석에는 총 12가지 모델의 실물과 유사한 컴퓨터 그래픽 사진이 제시되었다. 각 모델의 사진에 타깃 소비자들에게 선호도 평점을 주어 나온 결과를 분석하여 각 요인별 수준별 소비자의 선호도와 효용치를 구하여 최적의 모델을 도출하였다.

이러한 결과를 가지고 효용치가 지니는 함수적인 특성을 활용하여 장택원(1998)은 제품들의 수준의 효용치가 결국 개인별로 다르다는 점과 이것이 갖는 것이 제품 속성의 중요도와 같다는 점을 착안하여 효용치 함수를 시장 세분화 변수로 활용하여 시장 세분화 시도를 한바 제품 속성의 평가에서 크게 3집단의 군집을 사후 검증을 통해서 찾아낸 후 이들의 특성을 찾아본 결과 흥미로운 결과들이 도출되었다. 각 제품 속성의 선호도에서 큰 차이를 보인 요인들은 오히려 중요도가 두드러지지 않았으며 전체 집단에서 중요도가 큰 요인은 결국 선호도가 특정한 요인의 수준에 많이 집중되었다는 결과를 얻은 바 있다. 이러한 결과를 바탕으로 시장 세분화를 한 결과 몇 가지 유형의 제품 모델이 선정되었는데 제조회사의 입장에서는 다양한 형태의 모델을 출시하는 데는 비용적인 측면이 고려되므로 이는 전적으로 제조업체의 전략적 판단으로 넘어가는 부분이 될 것이다.

Green과 Krieger(1991)는 <그림 1>과 같은 도식을 통해서 세분화 분석 방법을 제시하고 있다. 연구자들은 구매자의 배경과 제품 속성 각각에 대해서 고려하고 있다. 모든 시장 세분화는 이러한 것들을 기본적으로 고려하고 시작을 하고 있다. 우선적으로 연구자들은 구매자들 자체에 대한 분석을 기초로 하여 해당 세분 집단에 대한 가장 바람직한 제품 구성을 디자인하기 위해서 컨조인트 분석을 활용해서 시장을 세분화한다. 컨조인트 분석 후에 얻을 수 있는 것 중에는 각 속성을 이루는 속성 수준(level)들의 중요도에 대한 정보이다. 이러한 정보들은 속성 수준의 선호도를 가려내는 컨조인트의 특성에 의해서 구매자 세분 집단별로 가장 원하는 제품의 구성을 디자인할 수 있다는 것이 장점이다.

세분화를 하는 방법에는 소비자의 특성이나 소비자의 제품 구매와 관련된 다양한 변인들이 소비자의 구매의향이나 소비자의 선호도 등과 결합하여 다양한 통계적인 방법을 통해서 이루어지고 있다. 그중에서도 컨조인트 분석을 통한 시장 세분화는 컨조인트 분석이 갖고 있는 장점들을 살려서 시장에서 제품 구성이나 컨셉의 구성들에 대해서 구매자들이 선호하는 제품의 속성이나 제품의 조합을 통해서 구매자들을 몇 개의 세분 시장으로 나누어 볼 수 있는 장점이 있다.

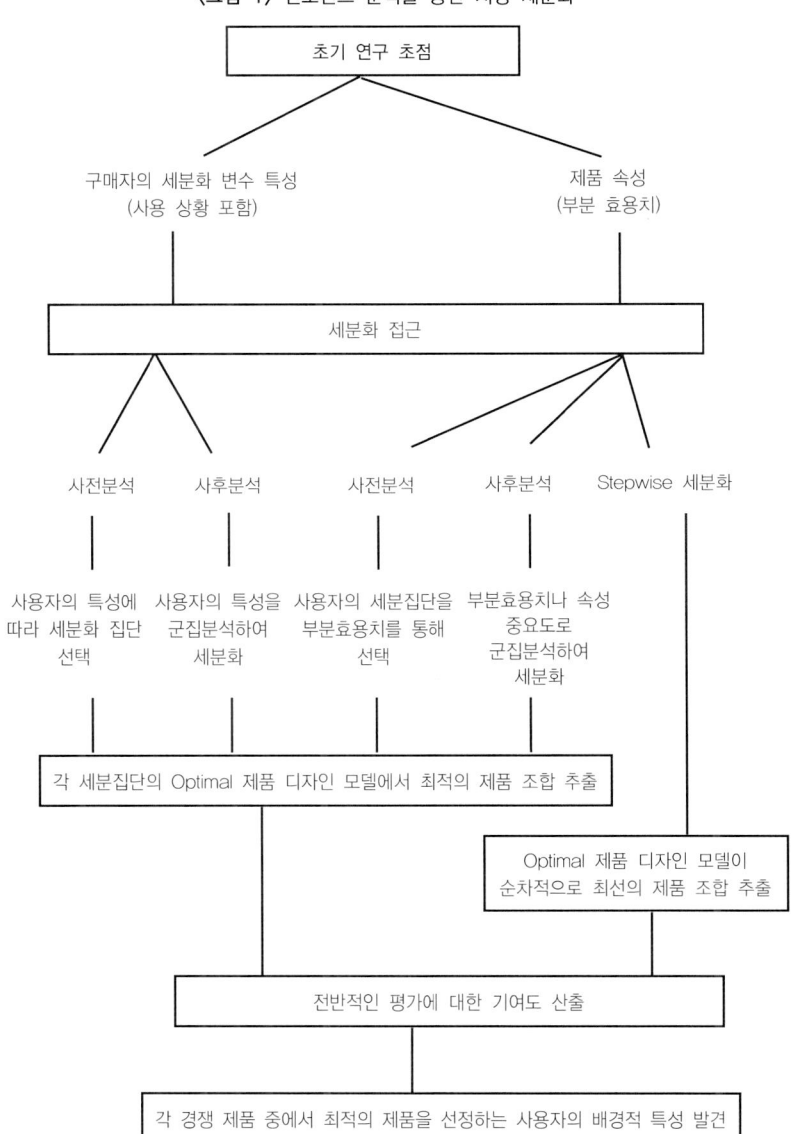

〈그림 1〉 컨조인트 분석을 통한 시장 세분화

초기 연구 초점

구매자의 세분화 변수 특성
(사용 상황 포함)

제품 속성
(부분 효용치)

세분화 접근

사전분석　　사후분석　　사전분석　　사후분석　 Stepwise 세분화

사용자의 특성에　사용자의 특성을　사용자의 세분집단을　부분효용치나 속성
따라 세분화 집단　군집분석하여　　부분효용치를 통해　　중요도로
선택　　　　　　세분화　　　　　선택　　　　　　군집분석하여
　　　　　　　　　　　　　　　　　　　　　　　　　세분화

각 세분집단의 Optimal 제품 디자인 모델에서 최적의 제품 조합 추출

Optimal 제품 디자인 모델이
순차적으로 최선의 제품 조합 추출

전반적인 평가에 대한 기여도 산출

각 경쟁 제품 중에서 최적의 제품을 선정하는 사용자의 배경적 특성 발견

출처: Green & Krieger (1991), "Segmentation Markets With Conjoint Analysis",
　　　Journal of Marketing, 55(October), 22.

이러한 연구를 바탕으로 시장 세분화는 몇 가지 장, 단점을 내포하고 있다. Green과 Krieger는 5가지 차원에서 이러한 것을 정리하여 제시하고 있다(Green and Krieger, 1991). 첫째, 측정과 파라메터 측정 이슈에 대해서 모델의 불완전성을 한계점으로 제시하고 있다. 즉 다양한 속성들을 모두 포함시켜 측정할 수 없는 연구 설계상의 제약점이 존재하고 있다는 점이다. 그렇지만 컨조인트에 의한 세분화는 기존 제품의 속성들을 재결합이나 새로운 제품 컨셉의 평가에 매우 유용하다고 하였다. 둘째, 시간의 흐름에 따른 변화 반영 부분이 정적이고 특정 상황에 대한 것이므로 한계를 지니고 있다고 하였다. 이 부분은 소비자의 기대치로 대치하여 동적인 연구를 통해 극복하는 연구를 시도하여 한계를 극복하고 있다. 셋째, 경쟁자가 보복적인 조치를 취할 때의 전략을 포함시킬 수 없다는 한계점을 지니고 있다. 이러한 점은 게임 이론과 같은 이론에서도 많이 개선되지 않은 상태로 남아 있다고 하였다. 넷째, 최적화 수준이 제품 수준에서 이루어지고 있으므로 마케팅 믹스 차원에서는 불완전한 해결책을 내놓는다는 점이 한계점으로 지적되고 있다. 다섯째, 예측 타당도에 관한 문제로서 예측 타당도가 있다는 결과를 제공했음에도 불구하고 일반적으로 시장에서 관심을 갖는 것은 대안 제품과 가격에 대한 대안 연구에 주로 컨조인트를 활용하고자 한다는 점이다. 이러한 것을 보았을 때 여전히 컨조인트를 통한 시장 세분화와 포지셔닝은 시작단계라 볼 수 있다.

그렇지만 소비자 입장에서 부분 효용에 의한 세분화 전략을 개발하는 것은 매우 의미 있는 일로서 향후에도 지속적인 후속 연구가 진행되어야 할 것이다.

chapter 3

광고 컨셉 개발

본 연구의 연구 문제는 문헌 연구와 기존의 광고 컨셉 평가 방법의 비교를 통해 새로운 방법을 제시하고자 다음과 같이 설정하였다.

첫째, 광고 컨셉의 평가 시 컨조인트 분석에 의한 방법은 기존 광고 컨셉 평가와 어떻게 다른가?

둘째, 광고 컨셉 선택 결과에 의한 컨조인트의 효용치에 의한 세분화는 어떠한 특성이 있는가?

이러한 연구문제를 해결하기 위해 연구 모형을 2단계로 설정하였다. 광고 컨셉 개발부터 광고 컨셉 평가까지는 1단계와 2단계로 나누어서 접근을 하고자 한다. 1단계는 광고 컨셉 개발을 위한 연구 설계로 market - in 사고에 의해 소비자의 언어와 니즈를 정성적으로 파악하게 될 것이다. 2단계에서는 이렇게 추출된 광고 컨셉을 정리하여 다속성 컨셉을 개발하여 이들을 소비자들에게 평가하게 된다. 이 평가를 통해 소비자들이 중요하게 생각하는 광고 컨셉은 무엇이며 각각의 광고 컨셉 속성들이 갖는 효용치는 얼마나 될 것인가를 분석할 수 있다. 이 분석을 통해 어떠한 광고 컨셉을 강조할 것인가를 선택할 수 있는 논리를 설정하게 된다. 또한 컨조인트 분석에서 나온 결과들을 바탕으로 후속 분석을 통해 소비자들이 평가한 광고 컨셉의 효용치나 기대 편익을 바탕으로 소비자들을 세분화할 수 있을 것으로 예상된다. 이러한 과정을 구체적으로 설명하면 다음과 같다.

광고 컨셉 개발을 위한 정성적 연구

광고 컨셉 개발을 위한 연구 모형은 <그림 2>와 같다.

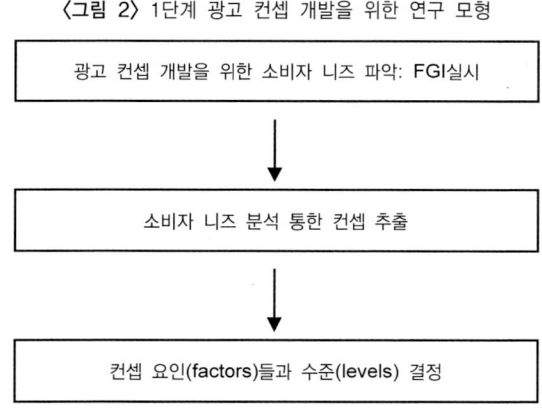

〈그림 2〉 1단계 광고 컨셉 개발을 위한 연구 모형

광고 컨셉 개발을 위한 소비자 니즈 파악: FGI실시

소비자 니즈 분석 통한 컨셉 추출

컨셉 요인(factors)들과 수준(levels) 결정

앞에서도 언급한 바와 같이 1단계에서는 소비자의 입장에서 광고 컨셉과 관련된 내용들을 질적으로 추출해 내는 과정을 수행할 예정이다. 이 과정은 광고를 기획하는 실무자들 입장에서 다양한 대안과 접하게 되는데 이러한 다양한 대안들을 소비자의 입장에서 우선적으로 추출하는 것은 소비자 중심으로 광고 컨셉을 만드는 데 매우 중요한 과정이라고 할 수 있다.

1단계 정성적 접근은 초점 집단 인터뷰(FGI)를 통해서 진행되는데, 이 초점 집단 인터뷰 기법은 조사 시장에서 매우 일반화되어 있는 기법인데, 토론자 간 시너지를 상승시켜 소비자들의 다양한 의견을 풍부하게 수집할 수 있는 장점이 있다. 보통 초점 집단 인터뷰는 6~10명 정도의 초점 집단을 한 장소에 모이게 하여 진행자가 진행을 하는 방식으로 이루어진다.

FGI는 다음과 같은 경우에 주로 활용된다(Blakenship et. al., 1998).
- 신제품 아이디어를 개발
- 신제품 성공 가능성 예측
- 판매 감소에 대한 이유를 결정
- 제품의 갭 발견
- 제품이 사용 용례를 결정
- 경쟁 제품에 대한 평가
- 제품 패키지 평가
- 광고 전략 판단
- 소비자들이 생각하는 바를 정확히 추출

FGI의 다양한 목적하에 이루어지는데 주로 다음과 같은 목적을 달성하기 위해서 행해지는 경우가 많다(Kinnear and Tayor, 1991, 310).
(1) 향후 양적 연구에서 검증되는 가설을 설정
(2) 소비자 설문을 구조화하는 데 도움이 되는 정보 생성
(3) 제품 범주에 대한 전반적인 배경 정보를 제공
(4) 신제품에 대한 정보 취득이 어려울 때 신제품 컨셉에 대한

인상을 습득

(5) 기존 제품에 대한 새로운 아이디어를 추출

(6) 새로운 크리에이티브 컨셉을 위한 아이디어 추출

(7) 이미 시행된 정량적 조사 결과에 대한 해석

　FGI의 진행과정에 필요한 것은 FGI를 진행을 위한 가이드라인, 진행자(moderator), 참석자, 관찰자 등이 필요하다. FGI의 기본 시설은 미국마케팅학회에서도 그 표준을 설정하고 있는데 기본적인 틀은 논의가 가능한 10여 명이 들어갈 장소가 필요하며 이 장소에는 필요에 따라 FGI의 진행 내용을 향후에 볼 수 있게 하는 비디오카메라가 설치되는 것이 보편적이다. 그리고 연구자 및 관련자들이 FGI 참여자들의 논의를 관찰할 수 있는 한쪽 면에서 관찰 가능한 일면경(oneway mirror)을 설치하여 FGI에서 나오는 생생한 의견교환이나 아이디어를 직접 관찰할 수 있도록 하게 하는 시설이 가장 표준적인 시설이다.

　FGI의 진행은 일반적으로 <그림 3>과 같다.

<그림 3> FGI 진행 과정

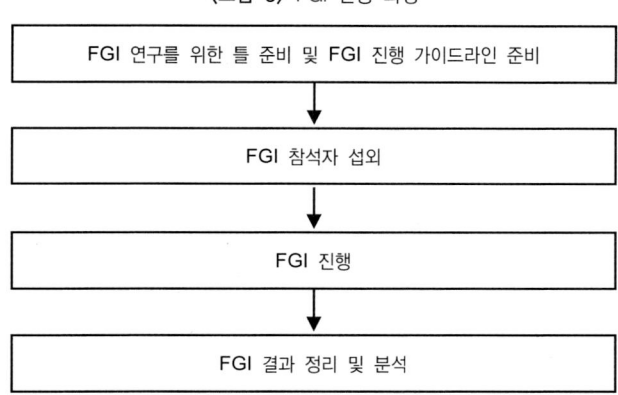

본 연구에서는 두 집단의 남, 여 소비자를 초점 집단 인터뷰 대상으로 하였다. 다양한 집단을 대상으로 초점 집단을 진행하는 것이 다양한 의견을 수집할 수 있는 연구 설계이나 연구의 편의상 두 집단으로 한정하기로 하였다. 초점 집단은 사전에 설명을 듣고 연구에 참여할 의사를 보이면 초점 집단 장소에 모여서 질적 연구가 진행된다. 두 집단의 초점 집단 연구를 진행하기 위해서 연구자는 사전에 해당 제품에 대한 사전 지식을 바탕으로 집단 인터뷰를 진행할 가이드라인을 작성하게 된다. 이 가이드라인을 통해 두 집단은 토의를 진행한다. 이 과정은 참석자들의 동의를 얻은 후 향후 좀 더 세밀한 분석을 위해 FGI 결과는 녹취가 된다.

1단계 질적 연구의 결과물은 초점 집단 인터뷰를 통해 얻어진 인터뷰 내용이다. 이 집단 인터뷰 내용은 다시 질적 분석을 통해 다양한 대안들의 집합들로 유목화된다. 이렇게 유목화된 내용을 근거로 해당 유목에서 나올 수 있는 대안들을 찾는다. 이 과정은 매우 중요한데 향후 이 결과물로 광고 컨셉의 대안들을 마련해야 하기 때문이다. 이러한 대안들을 바탕으로 광고 컨셉의 속성들과 그 속성 안에 포함되는 속성들의 수준들을 결정하게 된다.

광고 컨셉의 대안 평가

1단계에서 추출된 광고 컨셉의 대안들을 바탕으로 해당 대안들의 세부적인 수준들을 추출해 낸다. 이러한 과정은 2단계 정량적 연구를 하기 위한 기초 작업이다. 2단계 연구 모형은 <그림 4>와 같다.

2단계에서는 1단계 연구를 통해 추출된 광고 컨셉들을 바탕으로 컨조인트 분석을 위한 확률적 평가 대안들을 마련하고 이것을 직접 소비자들에게 평가받게 하는 연구 과정을 거치게 될 것이다. 2단계에서 연구 대상이 되는 제품의 광고 컨셉의 조합들은 소비자에게 직접 평가되고 이 평가된 내용을 바탕으로 소비자들이 어떠한 광고 컨셉을 중요하게 생각하는지를 양적으로 분석해 낼 수 있다.

2단계 연구는 실재 가망 소비자를 대상으로 1차 연구를 통해 나타난 결과를 바탕으로 구조화된 설문지를 작성하여 데이터를 수집할 예정이다. 연구에 필요한 인원은 일반적으로 컨조인트 분석을 하기 적합한 300명을 대상으로 진행될 예정이다. 연구 대상자들에게 제시될 광고 컨셉은 1차 연구를 통해 나타난 속성 대안들의 수준들을 조합한 내용들을 시각적으로 표시하여 제시할 것이다. 소비자들에게 평가될 대안들은 컨조인트 분석의 초기에 해당 컨셉들의 속성 조합 중에서 확률적으로 추출된 측정 가능한 수의 속성 대안들이 될 것이다.

양적 연구의 대상이 되는 소비자들은 대형 스크린을 통해 광고 컨셉의 조합들을 하나씩 제시받으며 광고 컨셉에 대해서 선호도를 평가하게 될 것이다. 이 연구를 위해서 연구 대상이 되는 소비자들은 인터넷을 통한 설문지에 언어로 표시된 광고 컨셉들을 평가하게 한다. 평가는 각 대안들의 선호도를 10점 만점의 평점 척도로 평가한다.

수집된 데이터는 컨조인트 분석을 통해 각 광고 컨셉의 속성들의 중요도와 해당 속성 안에 포함되어 있는 수준들의 효용치를 얻는다. 여기서 구해진 속성치를 통해 광고 컨셉 대안 중에서 소비자들이 가장 좋아하는 순서로 대안들의 순위를 책정할 수 있게 된다. 또한 이렇게 분석된 내용을 통해 어떠한 속성이 소비자들의 선호도에 가장 중요한 역할을 하는가를 분석해 낼 수 있으며 해당 속성 내의 수준들의 소비자 선호도 효용치를 계량화할 수 있게 된다.

소비자들의 선호도는 다양하게 표출될 것으로 예상된다. 따라서 소비자들이 광고 컨셉에서 느끼는 선호도를 세분화하는 일은 광고 컨셉의 소비자들의 기호에 따른 시장 분석에 중요한 역할을 할 것으로 기대된다. 따라서 소비자 선호 평가에 의한 효용 함수를 바탕으로 소비자들을 광고 컨셉 선호도로 세분화할 수 있다. 이 세분화 작업은 광고 컨셉을 구성하는 실무자 입장에서 광고 컨셉들의 선호도를 깊이 있게 관찰할 수 있는 과정이 될 수 있다.

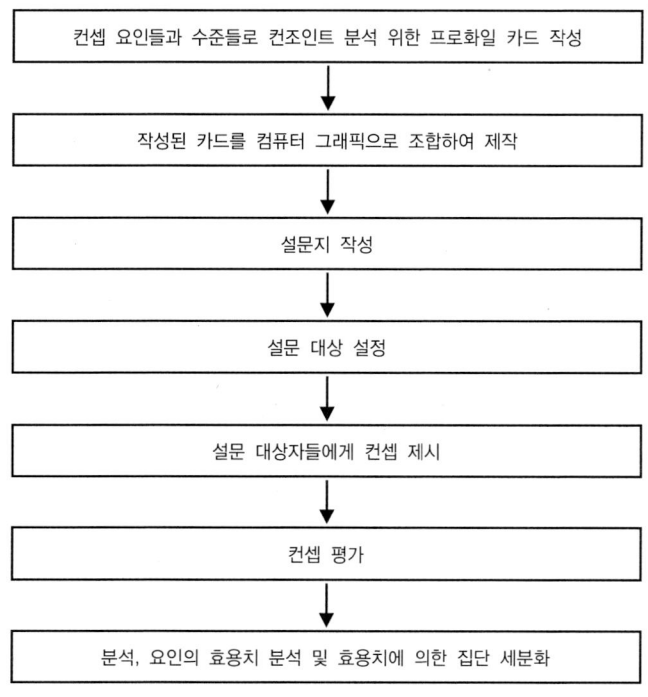

<그림 4> 2단계 광고 컨셉 평가 모형

| 컨셉 요인들과 수준들로 컨조인트 분석 위한 프로화일 카드 작성 |
| 작성된 카드를 컴퓨터 그래픽으로 조합하여 제작 |
| 설문지 작성 |
| 설문 대상 설정 |
| 설문 대상자들에게 컨셉 제시 |
| 컨셉 평가 |
| 분석, 요인의 효용치 분석 및 효용치에 의한 집단 세분화 |

컨조인트 분석의 효용치에 의해 소비자들이 어떠한 속성을 중요시하는가를 밝힐 수 있지만 여기서 간과되는 몇 가지 실무적인 상황들이 발생하게 된다. 컨조인트 분석 결과의 해석상에서 발생할 수 있는 오류는 다음과 같은 몇 가지로 집약될 수 있다. 첫째는 컨조인트 분석 결과에 나타나는 속성의 효용치를 액면 그대로 믿는 경우이다. 이는 컨조인트 분석을 통해 나온 결과를 연구자들이 속성의 중요도로 해석을 하여 마치 효용치 수치가 높으면 중요한 속성으로 여기는 데서 나오는 실무적인 오류이다. 효용치가 높다고 하는 것은 단순히 그 속성이 중요하다고 결론을 내리면 컨조인트

분석의 로직을 왜곡되게 해석하는 것이다. 따라서 속성의 효용치를 좀 더 깊이 있게 해석하기 위해서는 반드시 소비자들을 속성 선호도 효용치에 의해서 세분화할 필요성이 제기된다. 그러므로 2단계에서는 이러한 과정을 세밀하게 관찰하고 분석하여 해석하는 과정이 필요하게 된다.

chapter 4

컨셉 평가 단계

컨셉 개발 단계

컨셉 개발 단계에서는 광고 대상이 되는 소비자들을 대상으로 광고 컨셉을 찾아내기 위해 정성적인 접근을 하게 되는데 이때에 FGI(Focus Group Interview)를 통해서 소비자들의 니즈 파악을 한다. 광고 컨셉은 광고주 입장에서 보는 시각과 소비자의 입장에서 보는 시각이 있을 수 있다. 여기서 중요한 것은 소비자의 니즈가 잘 반영된 광고 컨셉이 갖는 의미이다. 광고 컨셉 개발 단계에서 소비자들의 시각과 니즈를 반영하여 소비자들의 추구 이익에 부합할 수 있는 마케팅 커뮤니케이션으로 광고의 효과를 극대화하는 것이 필요하다.

FGI의 수행은 소비자들의 니즈를 파악해서 광고 컨셉에 반영하고자 하는 의도가 있다. 컨셉 평가 단계 이전에 철저하게 소비자의 니즈를 파악하고 여기서부터 출발하여 광고 컨셉들의 대안들을 추출하는 방식은 소비자 시장 중심의 사고에 근거한 것이다. 이는 보다 현실적이고 소비자들의 욕구에 부합하는 광고 컨셉을 추출해내고자 하는 입장에 서서 광고 컨셉 모형을 개발하고자 함이다.

이렇게 해서 정리된 소비자 니즈를 정리하여 컨셉을 추출하고, 추출된 다양한 대안들을 요인들(컨조인트에서 쓰이는 용어로 일반적인 요인분석의 요인과 다름)로 하여 이 요인들에 속한 수준(level)들을 정리해 낸다. 정리된 요인들과 수준들의 조합을 orthogonal array를 통해 측정 가능한 대안들을 추출해 낸다.

좀 더 구체적으로 연구 설계를 제시하면 다음과 같다.

① 연구 대상 제품: 연구 대상 제품은 본 연구의 목적을 위해 상대적으로 속성들이 단순할 것으로 예상되며, 다양한 심리적인 혜택을 추구하는 맥주로 하였다.

② 초점 집단 대상자: 연구 대상 제품의 광고 컨셉을 추출하기 위해서 연구 대상자들을 선정해야 하는데, 연구의 편의상 가장 쉽게 접근할 수 있고 광고의 목표 집단이 많이 되고 있는 20대 남, 여 대학생 각 두 집단을 선정하였다.

③ 연구 방법: 연구 대상자들은 FGI를 수행하기 편리한 장소인 학교 세미나실로 초대되었다. 참여하는 연구자들에게 연구가 진행될 내용을 설명해 주고 연구자는 사전에 마련된 초점 집단 인터뷰의 가이드라인을 가지고 약 2시간 동안 진행되었다.

④ 초점 집단 연구물: 초점 집단 인터뷰는 해당 제품에 대한 광고 컨셉 추출을 위한 것이므로 예상되는 연구물은 초점 집단 인터뷰 내용과 이것을 정리하여 광고 컨셉으로 추출한 내용으로 진행하였다.

FGI는 두 그룹의 남, 여 학생들을 대상으로 각각 진행되었다. 초기 단계에서는 참석자들에게 본 연구에 대해서 간단히 설명을 하고 어떤 연구가 진행될 것인지를 설명해 주었다. 초기 단계에서 참석자들에게는 맥주와 관련된 다음과 같은 사항들을 질문하였다.

- 맥주와 관련된 음용 습관
- 맥주의 바람직한 속성
- 맥주와 어울리는 분위기, 장소
- 이상적인 맥주의 맛

다음 단계에서는 신제품 맥주에 대해서 컨셉 보드를 제공하여 읽게 하고 다음과 같은 사항들을 질문하였다.

- 제품 컨셉에서 가장 좋은 점
- 제품 컨셉에서 가장 신뢰할 만한 점
- 제품 컨셉에서 가장 마음에 드는 점

컨셉을 통해 제시된 맥주에 대해서 어울리는 분위기와 타깃 집단 그리고 광고 모델들을 알아보기 위해서 다음과 같은 질문들을 하였다.

- 제시된 제품 컨셉과 어울리는 분위기
- 제시된 제품 컨셉과 어울리는 장소
- 제시된 제품 컨셉과 어울리는 사람들 또는 모델
- 제시된 제품 컨셉과 어울리는 컬러

이러한 질문들을 한 후 광고 컨셉에 대한 FGI를 종료하였다. FGI 종료 후 각 참여자들이 제시한 의견들을 정리하였다.

1) FGI 결과 정리

남, 여 대학생들 그룹 각각을 대상으로 FGI를 하였다. 제시된 제품 컨셉은 최근 나온 A맥주회사의 R제품에 대한 것으로서 연구

당시 컨셉만 제시된 상태인 제품이다. R제품을 활용한 것은 단지 연구 목적에 맞기 때문이다. R제품은 다음과 같이 각 언론에 제품에 대한 컨셉을 제시하였다.

"A맥주회사는 국내 맥주 가운데 알코올 도수가 가장 높은 6.9도 R을 출시했다. R맥주는 고알코올 발효공법을 적용해 맥주의 상쾌함을 살리면서 강하고 풍부한 맛을 최적화시켰다.

최상급의 아로마 호프를 사용해 고알코올 맥주의 쓴맛을 제거하는 등 고가 재료를 채택해 생산원가가 기존 제품보다 20% 이상 높지만 가격은 기존제품과 같다.

A맥주는 기존 맥주에 대한 소비자들의 불만을 조사한 결과, 40% 이상이 '알코올 도수가 낮다'고 지적해 신제품을 출시하게 됐다.

R맥주는 브랜드 네임을 강조하기 위해 로고 배경을 경쾌한 레드 컬러로 표현하고 로고에 회오리 무늬를 접목시켰다.

출고가는 캔(355㎖)은 1,000원, 병(500㎖)은 930원, 큐팩(1.6ℓ)은 3,130원이다."

FGI에 참석한 학생들에게는 위의 내용을 A4용지에 다시 컨셉별로 정리하여 제시하여 이에 대한 반응을 살펴보았다. 학생들을 대상으로 진행한 FGI 녹취 내용의 주된 내용은 아래와 같다.

여학생 그룹 FGI 녹취 내용
- 맥주하면 생각나는 것과 맛: 거품, 시원한 맛, 목 넘김이 부드러운 맛, 술보다는 쉽게 마시는 음료수, 낮은 알코올, 많이 먹음 배부르다 등
- 주로 마시는 장소는: 집에서, 술집에서, 찜질방 같은 데서, 야외에서
- 주로 마시는 용기/용량은: 캔, 피처, 병 다양함 가정에서는 주로 병이나

캔, M.T에서는 피처
- 맛: 끝 맛이 목 넘길 때 탄산이 많이 들어가면 톡 쏘는 맛이 심함, 톡 쏘는 맛이 없고 구수한 맛, 부드러운 맛,
- 음용 분위기: 시끌벅적, 통나무 톤의 술집에서, 주황색 불빛, 가볍고 기분 좋을 때
- 광고 모델로는: 일반인, 연예인 등
- 컨셉 중에서 좋은 것: 도수가 높다고 하나 별로 와 닿지 않는다. 최상급 아로마, 재료가 좋다. 프리미엄 같다. 상쾌하다. 높은 도수가 좋다. 강하다. 쓴맛 싫다.
- 컨셉 술의 분위기: 밝고, 명랑, 경쾌, 강하다. 여백의 미가 있었으면, 트인 공간
- 남자들만의 맥주, 독일식 호프집 분위기, 밝은 분위기, 여자들끼리 클럽에서 마심, 자연에서 배낭여행하면서 밤에 모닥불 피워 놓고 별빛 아래서, 깔끔한 분위기에서, 미국 서부의 술집이나 레스토랑 분위기, 광고 모델로는 일반인이 적합
- 최상급 아로마 호프, 프리미엄 같다. 프리미엄 맥주급 작고 아름다운 병 필요(여성용)
- 톤: 투명한 붉은 체리색, 와인 같은 진한 붉은색, 분홍색 섞인, 예쁜, 빨간 옷 아님
- 강한 느낌, 프리미엄 느낌, 자유로운 느낌, 여성스러운 느낌, 엘리트 적인 느낌, 강하면서 커리어우먼 같은 느낌.

남학생 그룹 FGI 녹취 내용
- 한 주에 보통 한두 번 정도 음용, 생맥주, 캔맥주, 병맥주, PET병 등
- 음용 장소: 주로 집에서, 호프집, 술집
- 맥주 하면 떠오르는 연상: 시원한 맛, 기분 좋아지는 것, 오징어/땅콩, 얘기, 스포츠, 치킨, 상쾌함, 이뇨작용(오줌이 자주 마렵다)
- 맥주와 어울리는 분위기: 팝송, 야구장, 옥상, 시끌벅적한 장소, 편의점 앞,

잔디밭, 통나무 집
- 맥주 마시는 때: 기쁠 때, 축하, 얘기할 때, 편하게 마실 때, 친구들하고
- 맥주 맛: 시원한 맛, 목에 따갑지 않을 정도의 톡 쏘는 맛, 부드러운 목 넘김, 구수한 맛
- 컨셉에서 좋은 점: 쓴맛 제거, 가격대 적절, 6.9도, 고알코올 발효, 아로마 호프 사용, 고가 재료, 소비자의 반응 반영, 회오리, 경쾌, 상쾌, 강하고 풍부한 맛, 가격은 기존 가격, 회오리 배경, 상쾌함, 도수 6.9도, 최상급 아로마 호프, 가격 동일
- 고급 맥주 이미지, 분위기 좋은 호프집, 회사원, 호프바 같은 곳(분위기 좋은), 강하다, 뭔가 다른 분위기, 특별한 것, 일하고 마치고 땀 흘리면서 마시는 분위기, 야구장
- 정장 차림의 연예인, 일반인이 많이 있는 분위기, 활동적인 일을 하는, 스포츠 경기의, 경쾌하고 밝은 분위기, 응원하는 분위기
- 컬러/톤: 붉은색은 오히려 반감을 줌, 골드 컬러

두 집단의 FGI를 통해서 녹취된 내용을 <표 3>과 같이 정리하였다.

〈표 3〉 FGI 결과 1차 정리

유목	남학생 그룹	여학생 그룹
맥주 연상 내용	- 시원한 맛, 기분이 좋아짐, 어울리는 안주, 얘기하기, 스포츠, 치킨, 상쾌함, 이뇨작용 등	- 거품, 시원한 맛, 부드러운 맛, 약한 술(음료에 가깝다), 낮은 알코올 도수, 많이 마시면 배부르다 등
주로 음용하는 장소	- 집, 술집, 호프집 등	- 집, 술집, 찜질방, 야외
바람직한 맥주 맛	- 시원한 맛, 목이 따갑지 않을 정도의 쏘는 맛, 부드러운 맛, 구수한 맛	- 목이 따갑지 않을 정도의 톡 쏘는 맛, 구수한 맛, 부드러운 맛
음용 분위기	- 얘기하는 분위기, 시끌벅적, 축하, 친구들하고, 편하게, 기쁠 때	- 시끌벅적, 통나무 술집, 가볍고 기분 좋을 때
맥주와 어울리는 분위기	- 팝송, 야구장, 옥상, 편의점 앞, 시끌벅적한 장소, 잔디밭, 통나무 집	- M.T. 배낭여행, 밝은 술집
컨셉 제시 후 좋은 컨셉	- 쓴맛 제거, 6.9도, 고알코올 발효, 최상급 아로마 호프, 상쾌함, 가격 동일	- 최상급 아로마 호프, 재료가 좋다, 프리미엄 느낌, 강하다, 쓴맛 제거

유목	남학생 그룹	여학생 그룹
컨셉 술의 분위기	− 고급 맥주 이미지, 분위기 좋은 호프집, 회사원, 강하다, 뭔가 다른 분위기, 특별한 것, 땀 흘리고 마시는, 야구장	− 남자들만의 맥주, 독일식 넓은 호프집, 밝은 분위기, 여자들끼리 클럽에서, 배낭여행 때 별빛 아래 모닥불 옆에서, 깔끔한 분위기, 미국 맥주집
컨셉 술과 어울리는 사람	− 정장 차림의 연예인, 많은 일반인, 활동적인 일하는 사람, 스포츠 경기자, 응원하는 사람들	− 프리미엄, 엘리트, 강한 커리어 우먼, 여성스러운, 자유스러운 사람
컨셉과 어울리는 톤	− 붉은색보다는 골든 컬러	− 투병한 붉은 체리색, 와인 같은 색, 분홍색 섞인, 예쁜, 아주 빨강은 아님

2) 광고 컨셉으로 제시될 내용들 범주화

앞의 <표 3>에서 제시된 내용들을 근간으로 광고 컨셉으로 제시될 내용들을 정리한 후 이 내용들을 2차 분석으로 적합하게 유목화하는 작업들이 필요하다. 유목을 결정하는 것은 유목들이 광고의 컨셉으로 적합하게 표현될 수 있는 것들을 정리하는 과정을 거쳐야 한다. 이러한 과정을 거쳐서 광고 컨셉으로 제시될 내용들을 정리한다.

컨셉은 다음 <표 4>와 같이 제시되며 이를 소비자들이 평가하게 된다.

〈표 4〉 제시 컨셉

유목	남학생 그룹
맥주 음용 분위기	− 분위기 좋은 호프집, 야외 레저활동을 하면서, 클럽 같은 분위기
맥주의 맛	− 시원한 맛, 목이 따갑지 않을 정도의 쏘는 맛, 부드러운 맛, 구수한 맛
어울리는 컬러	− 붉은 컬러, 골드 컬러
맥주 속성	− 6.9도, 최상급 아로마 호프, 쓴맛 제거
어울리는 사람	− 정장 차림 직장인, 활동적인 사람, 운동선수

위의 <표 4>의 컨셉은 조합을 하면 맥주 음용 분위기 3가지, 맥주의 맛 4가지, 어울리는 컬러 2가지, 맥주 속성 3가지, 어울리는 사람 3가지 등으로 총 3×4×2×3×3=216가지의 조합이 생기게 된다. 이 조합들을 컨조인트의 orthogonal array에 의해서 SPSS10.0프로그램에 의해 다음과 같은 16가지의 평가 조합을 생성했다. 그리고 추후 컨조인트 결과의 적합성을 알아보기 위한 추가 조합 4개도 생성하였다. 이러한 과정은 다음과 같은 방식으로 진행된다. 우선 SPSS에서 다음과 같이 orthogonal창을 연 후에 생성 메뉴를 눌러서 요인들과 수준들을 입력한다. 위에 제시된 것을 모두 소비자에게 제시할 수 없으므로 orthogonal array라는 것을 통해서 최적의 조합을 제시하여 그것을 평가한 것을 역으로 유추하는 것이 컨조인트 분석의 가장 큰 특징이다. orthogonal array를 생성하고 나면 소프트웨어에서 자동으로 최적의 조합을 추출한 후 이것을 모두 조합으로 만들어서 제시해 준다.

〈그림 5〉 orthogonal array를 생성하는 과정

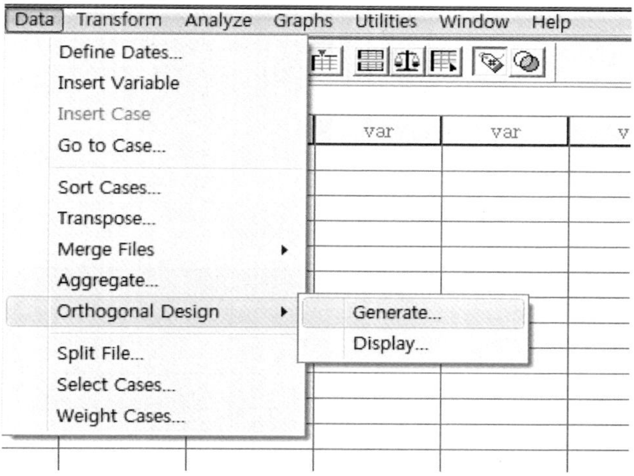

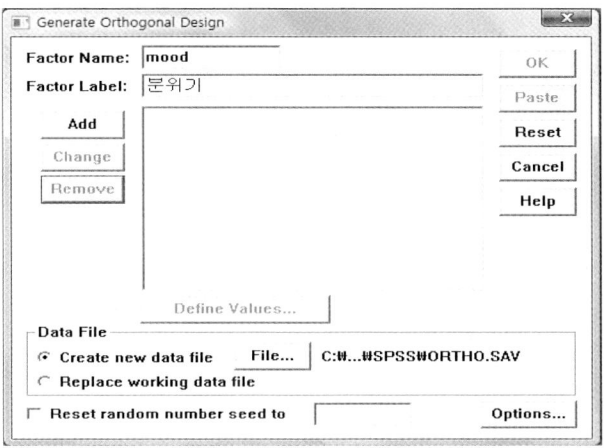

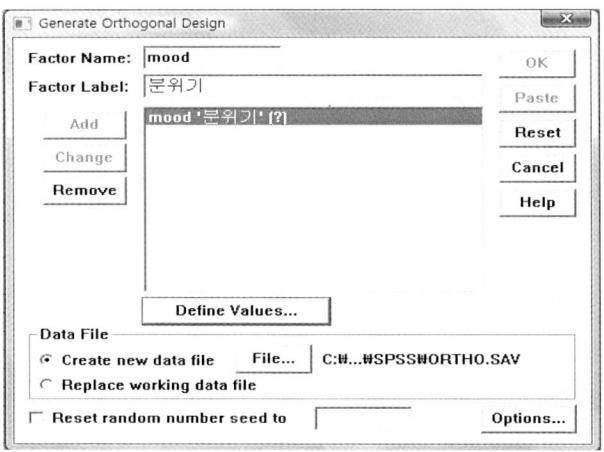

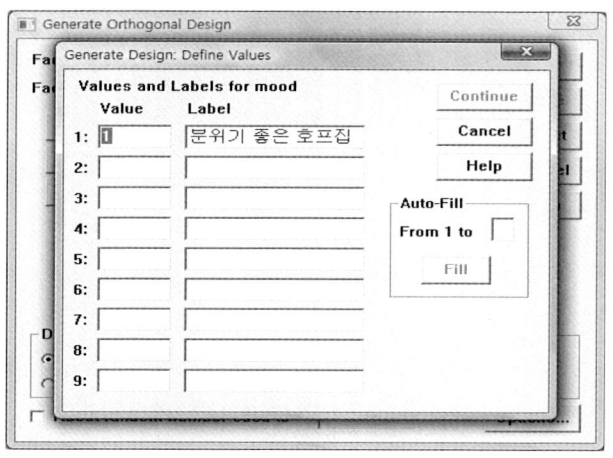

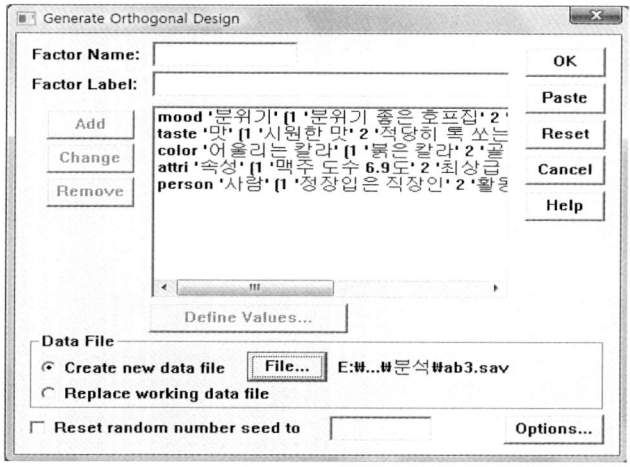

위의 화면같이 모든 요인과 수준들을 입력한 후 아래에 Data file에서 File에 저장될 파일을 지정해 준다. 그리고 option을 통해 생성시키고자 하는 조합의 수와 holdout 카드의 수를 지정해 준다. 이렇게 해도 소프트웨어에서는 최소한 필요한 조합의 수를 제시해 준다.

위에서 지정된 파일에는 orthogonal design에 의해 형성된 변인들과 각 요소들의 조합 20개에 대한 데이터가 저장된다. 저장된 데이터는 다음과 <표 5>와 같은 조합으로 이루어져 있다.

〈표 5〉 컨조인트 분석을 위한 orthogonal design

분위기	맛	컬러	속성	어울리는 사람
야외활동	구수한	붉은	쓴맛 제거	활동적인
야외활동	시원한	골드	아로마 호프	운동선수
호프집	시원한	붉은	6.9도	활동적인
호프집	부드러운	붉은	쓴맛 제거	운동선수
클럽분위기	구수한	붉은	아로마 호프	정장차림
클럽분위기	쏘는	붉은	6.9도	정장차림
호프집	쏘는	골드	쓴맛 제거	운동선수
클럽분위기	시원한	골드	쓴맛 제거	정장차림
호프집	구수한	골드	6.9도	정장차림
호프집	시원한	붉은	6.9도	정장차림
야외활동	부드러운	골드	6.9도	활동적인
호프집	구수한	골드	6.9도	정장차림
호프집	쏘는	골드	아로마 호프	활동적인
호프집	부드러운	붉은	아로마 호프	정장차림
클럽분위기	부드러운	골드	6.9도	활동적인
야외활동	쏘는	붉은	6.9도	정장차림

아래는 소비자들에게 제시될 20개 카드들의 조합 내용이고 그 아래는 해당되는 컨셉의 광고 기본 시안들이다.

Profile Number 1

〈어울리는 분위기〉야외활동 중
〈맛〉구수한 맛
〈어울리는 컬러〉붉은 컬러
〈맥주 속성〉쓴맛 제거
〈어울리는 사람〉활동적인 사람

Profile Number 2

〈어울리는 분위기〉야외활동 중
〈맛〉시원한 맛
〈어울리는 컬러〉골드 컬러
〈맥주 속성〉최상급 아로마 호프
〈어울리는 사람〉운동선수

Profile Number 3

〈어울리는 분위기〉분위기 좋은 호프집
〈맛〉시원한 맛
〈어울리는 컬러〉붉은 컬러
〈맥주 속성〉맥주 도수 6.9도
〈어울리는 사람〉활동적인 사람

Profile Number 4

〈어울리는 분위기〉분위기 좋은 호프집
〈맛〉부드러운 맛
〈어울리는 컬러〉붉은 컬러
〈맥주 속성〉쓴맛 제거
〈어울리는 사람〉운동선수

〈어울리는 분위기〉클럽이나 술집
〈맛〉구수한 맛
〈어울리는 컬러〉붉은 컬러
〈맥주 속성〉최상급 아로마 호프
〈어울리는 사람〉정장차림 직장인

〈어울리는 분위기〉클럽이나 술집
〈맛〉적당히 쏘는 맛
〈어울리는 컬러〉붉은 컬러
〈맥주 속성〉맥주 도수 6.9도
〈어울리는 사람〉운동선수

Profile Number 7

〈어울리는 분위기〉분위기 좋은 호프집
〈맛〉적당히 쏘는 맛
〈어울리는 컬러〉골드 컬러
〈맥주 속성〉쓴맛 제거
〈어울리는 사람〉정장차림 직장인

Profile Number 8

〈어울리는 분위기〉클럽이나 술집
〈맛〉시원한 맛
〈어울리는 컬러〉골드 컬러
〈맥주 속성〉쓴맛 제거
〈어울리는 사람〉정장차림 직장인

〈어울리는 분위기〉분위기 좋은 호프집
〈맛〉구수한 맛
〈어울리는 컬러〉골드 컬러
〈맥주 속성〉맥주 도수 6.9도
〈어울리는 사람〉운동선수

〈어울리는 분위기〉분위기 좋은 호프집
〈맛〉시원한 맛
〈어울리는 컬러〉붉은 컬러
〈맥주 속성〉맥주 도수 6.9도
〈어울리는 사람〉정장차림 직장인

Profile Number 11

〈어울리는 분위기〉야외활동 중
〈맛〉부드러운 맛
〈어울리는 컬러〉골드 컬러
〈맥주 속성〉맥주 도수 6.9도
〈어울리는 사람〉정장차림 직장인

Profile Number 12

〈어울리는 분위기〉분위기 좋은 호프집
〈맛〉구수한 맛
〈어울리는 컬러〉골드 컬러
〈맥주 속성〉맥주 도수 6.9도
〈어울리는 사람〉정장차림 직장인

〈어울리는 분위기〉분위기 좋은 호프집
〈맛〉적당히 쏘는 맛
〈어울리는 컬러〉골드 컬러
〈맥주 속성〉최상급 아로마 호프
〈어울리는 사람〉활동적인 사람

〈어울리는 분위기〉분위기 좋은 호프집
〈맛〉부드러운 맛
〈어울리는 컬러〉붉은 컬러
〈맥주 속성〉최상급 아로마 호프
〈어울리는 사람〉정장차림 직장인

Profile Number 15

〈어울리는 분위기〉클럽이나 술집
〈맛〉부드러운 맛
〈어울리는 컬러〉골드 컬러
〈맥주 속성〉맥주 도수 6.9도
〈어울리는 사람〉활동적인 사람

Profile Number 16

〈어울리는 분위기〉야외활동 중
〈맛〉적당히 쏘는 맛
〈어울리는 컬러〉붉은 컬러
〈맥주 속성〉맥주 도수 6.9도
〈어울리는 사람〉정장차림 직장인

Profile Number 17

〈어울리는 분위기〉야외활동 중
〈맛〉구수한 맛
〈어울리는 컬러〉붉은 컬러
〈맥주 속성〉최상급 아로마 호프
〈어울리는 사람〉정장차림 직장인

Profile Number 18

〈어울리는 분위기〉클럽이나 술집
〈맛〉적당히 쏘는 맛
〈어울리는 컬러〉붉은 컬러
〈맥주 속성〉맥주 도수 6.9도
〈어울리는 사람〉정장차림 직장인

〈어울리는 분위기〉클럽이나 술집
〈맛〉구수한 맛
〈어울리는 컬러〉골드 컬러
〈맥주 속성〉최상급 아로마 호프
〈어울리는 사람〉활동적인 사람

Profile Number 20

〈어울리는 분위기〉야외활동 중
〈맛〉부드러운 맛
〈어울리는 컬러〉골드 컬러
〈맥주 속성〉최상급 아로마 호프
〈어울리는 사람〉운동선수

위에 제시된 20개의 카드를 소비자들에게 제시해서 평가를 받는다.

컨셉 평가 단계

1) 컨셉 평가 과정

2단계 컨셉 평가단계는 1단계에서 추출한 대안들을 평가하는 작업이다. 광고 컨셉 대안들의 조합이 몇 개 되지 않으면 굳이 컨조인트 분석을 하지 않아도 되지만 예상되는 내용은 다양한 속성들로 이루어져 있다. 그리고 이 속성들의 대안 조합 평가는 모두 소비자가 평가하기에 너무 많으므로 컨조인트 분석을 활용하였다. 대안 선택을 위한 컨셉 평가의 연구 설계는 다음과 같다.

① 연구 도구: 제시될 광고 컨셉의 대안들은 컨조인트의 확률적 모형에 의해 대안들의 평가 조합을 제시받게 된다. 이 과정부터 컨조인트 분석의 시작인데, 대안들은 언어로 표시되는 경우도 있고, 시각적으로 표시되는 경우도 있다. 본 연구에서는 광고라는 특성을 감안하여 대안들을 문자와 시각적인 조합에 의해 소비자들에게 제시하였다. 이를 위해 측정할 대안들의 조합이 만들어지면 컴퓨터 그래픽으로 이 조합들을 구성하여 제작하였다. 따라서 본 연구에서는 구조화된 설문지에 의해 그래픽

으로 작성된 광고 컨셉 대안들을 연구 도구로 이용하였다.

② 연구 대상자: 연구 대상자들은 실소비자와 가장 근접한 특성을 가진 20~30대로 한정하였다. 연구대상자들의 표본추출 방법은 유의추출 방법으로 하였는데, 최소한 술에 대해서 관심을 갖고 있거나 향후에 술을 마실 계획이 있는 사람들을 추출하기 때문이다. 연구에서 제외될 대상자들은 술을 전혀 마시지 않고 있거나 향후에도 전혀 마실 생각이 없거나 기타 이유로 인해 술을 마시지 않는 대상자들이다. 연구 대상자들은 컨조인트 분석에서 가장 적합한 응답자 수라고 제시하고 있는 475명을 연구 대상자로 하였다.

③ 연구 방법: 연구 대상자들은 피연구자들이 제시하는 광고 컨셉의 선호도를 각각 10점 만점의 점수로 평가하게 하였다. 여기서 사용되는 설문지는 1단계를 통하고 2단계 준비 작업을 통한 구조화된 설문지이다. 그리고 연구 목적상 해당되는 사람들은 한국능률협회컨설팅의 CSNet의 패널들을 활용하였다.

2) 컨셉 평가 결과

컨셉을 평가한 과정은 20개의 대안의 조합을 제시한 후 그에 대한 평가를 받았다. 일단 조사 대상자들의 인구학적 속성은 <표 5>와 같다. 또한 평가받은 20개의 대안은 평균값이 다음 <표 6>과 같았다.

<표 6> 조사 대상자들의 응답자 특성

인구학적 속성		사례 수	%
성별	남자	224	47.2
	여자	251	52.8
연령별	20대	120	25.3
	30대 초반	174	36.6
	30대 후반	181	38.1
직업별	대학/대학원생	99	20.8
	자영/판매/기술직	72	15.2
	사무직	143	30.1
	경영/관리/전문직	78	16.4
	주부	32	6.7
	무직/기타	51	10.7
총계		475	100.0

<표 7> 각 제시된 카드의 평균값

분위기	맛	컬러	속성	어울리는 사람	평균값	S.D
야외활동	구수한	붉은	쓴맛 제거	활동적인	6.32	2.12
야외활동	시원한	골드	아로마 호프	운동선수	6.58	1.98
호프집	시원한	붉은	6.9도	활동적인	7.17	1.89
호프집	부드러운	붉은	쓴맛 제거	운동선수	6.43	1.84
클럽분위기	구수한	붉은	아로마 호프	정장차림	6.29	2.03
클럽분위기	쏘는	붉은	6.9도	정장차림	6.57	1.85
호프집	쏘는	골드	쓴맛 제거	운동선수	6.61	1.89
클럽분위기	시원한	골드	쓴맛 제거	정장차림	6.64	1.79
호프집	구수한	골드	6.9도	정장차림	6.09	1.85
호프집	시원한	붉은	6.9도	정장차림	6.82	1.80
야외활동	부드러운	골드	6.9도	활동적인	6.34	1.85
호프집	구수한	골드	6.9도	정장차림	6.29	2.00
호프집	쏘는	골드	아로마 호프	활동적인	6.39	1.78
호프집	부드러운	붉은	아로마 호프	정장차림	6.54	1.72
클럽분위기	부드러운	골드	6.9도	활동적인	6.09	1.82
야외활동	쏘는	붉은	6.9도	정장차림	6.74	1.74
야외활동	구수한	붉은	아로마 호프	정장차림	6.03	1.79
클럽분위기	쏘는	붉은	6.9도	정장차림	6.75	1.75
클럽분위기	구수한	골드	아로마 호프	활동적인	6.27	1.76
야외활동	부드러운	골드	아로마 호프	운동선수	6.29	1.96

chapter 5

컨조인트 결과 활용과 결론

컨셉들의 효용치

컨조인트 분석은 다양한 조합들을 효과적으로 소비자들에게 제시하여 그 결과를 바탕으로 각 요인(factors)별 수준(levels)들에 대한 효용치들을 얻는다. 이 효용치(utility)는 궁극적으로 조사 대상들이 가장 바람직하게 생각하는 가장 최적의 속성 조합을 밝혀 주는 데 매우 유용하다.

또한 이 효용치를 통해서 각 요인들이 소비자에게 얼마나 상대적으로 중요한가 하는 정보를 제공하고 각 조합들이 소비자들에게 선택될 확률을 제시하면서 시장에서의 소비를 예측하게끔 한다.

본 연구에서는 1차 FGI를 통해서 추출된 컨셉들을 정제한 후 이것을 컨조인트 분석을 통해서 그 결과를 얻었다. 그 결과 제시된 컨셉들에 대해서 소비자들이 어떤 것에 대해서 중요하게 생각하는가를 가늠할 수 있는 효용치(utility)를 구할 수 있었고 가장 이상적인 컨셉 조합을 추출하였다. 컨셉들의 효용치에 대해서는 컨조인트의 분석 방법들 중의 하나인 분해접근법(decompositional approach)을 활용하였다. 광고 컨셉 속성들의 수가 많고 그 속성들을 구성하는 수준들이 다양할 때 속성들과 수준들을 결합한 조합의 수가 상당히 많아진다. 이렇게 많은 속성들을 평가하는 데는 측정을 위한 설계가 필요한데 주로 부분교차 설계(fractional factorial design) 방법을 활용하였다. 여기서 분석되는 자료는 해당 속성들의 효용치를 구할 수 있고 이 효용치들의 역할은 세부적인 속성들의 수준들이 갖는 효용치를 제시하여 광고 컨셉의 조합이 갖는 선호도를 구하게끔 해 준다. 이렇게 함으로써 컨셉들의 프로화일 중에서 가장 선호받는 광고 컨셉 조합을 찾아낼 수 있고, 제시된 결과가 의미하는 바를 해석하는 데 매우 중요한 의미를 부여한다.

컨셉들의 효용치를 구해서 활용할 수 있는 것은 앞서 연구 설계 부분에서도 나타났던 다양한 속성 대안들을 과학적으로 추출하고 평가하는 시스템을 통해 광고 컨셉의 최적 대안을 찾아 소비자들에게 제시할 수 있는 일련의 과정 속에서 가장 합리적인 대안을 제시해 줄 수 있다는 점이 본 연구 접근 방법의 장점이라 하겠다.

컨조인트 결과로서 도출될 수 있는 것은 광고에 제시할 컨셉들 중에서 소비자들이 가장 중요시하는 것과 가장 적합한 광고 컨셉의 조합이 무엇인가 하는 점이다.

컨조인트 분석에 사용된 명령어는 <그림 6>과 같다.

〈그림 6〉 컨조인트 분석에 사용된 명령어

```
CONJOINT PLAN='ab2.sav'
 /DATA=*/SCORE=V1 TO V20
 /FACTORS = mood taste color attri person (DISCRETE MORE)
 /PLOT = SUMMARY
 /SUB=ID
 /UTIL='BEERUTIL.SAV'.
```

위를 실행하기 위해서는 선호도를 평가한 데이터를 띄워 놓아야

한다. 그리고 CONJOINT PLAN에 있는 데이터 파일 'ab2.sav'는 orthogonal array를 한 20개의 조합된 카드가 있는 파일이다. 그리고 SCORE를 명령어로 한 것은 20개의 카드를 평가한 데이터가 선호도 점수를 근간으로 해서 한 것을 의미한다. 그리고 향후 Utility 값을 가지고 추후에 군집분석을 하기 위해서 효용치를 별도의 이름을 주어서 BEERUTIL.SAV에 저장시키면 향후에 이 파일을 중심으로 군집분석을 하게 된다.

〈그림 7〉 전체 응답자 집단의 효용치 및 중요도 그래프

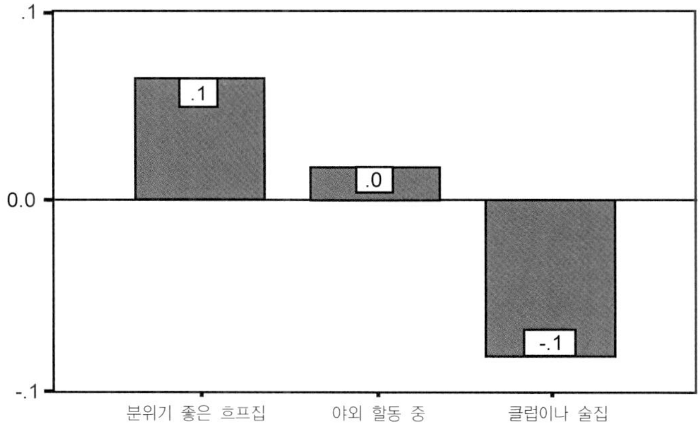

<어울리는 분위기>

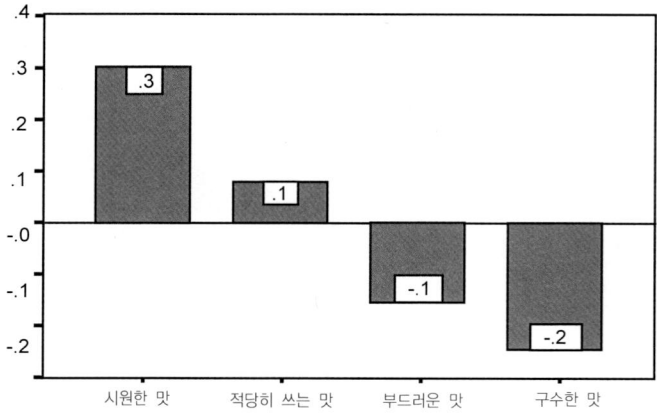

<맛>

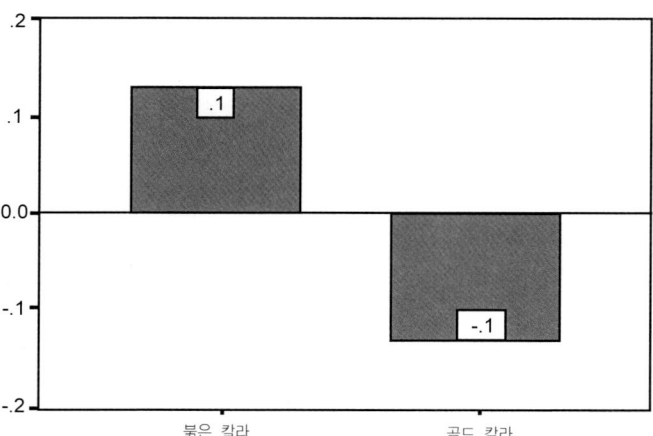

<어울리는 칼라>

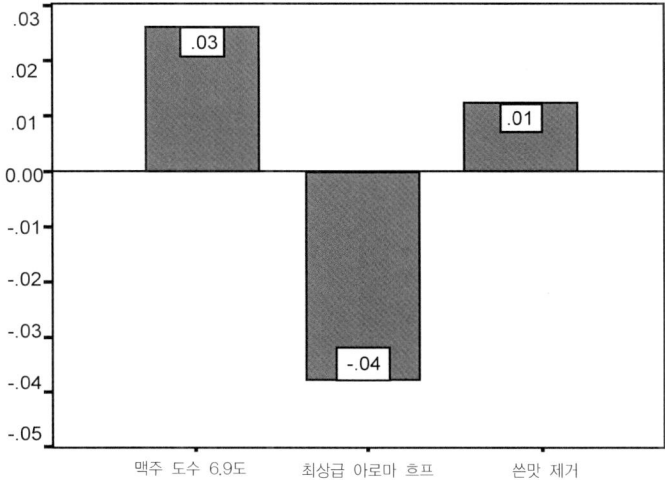

<맥주 속성>

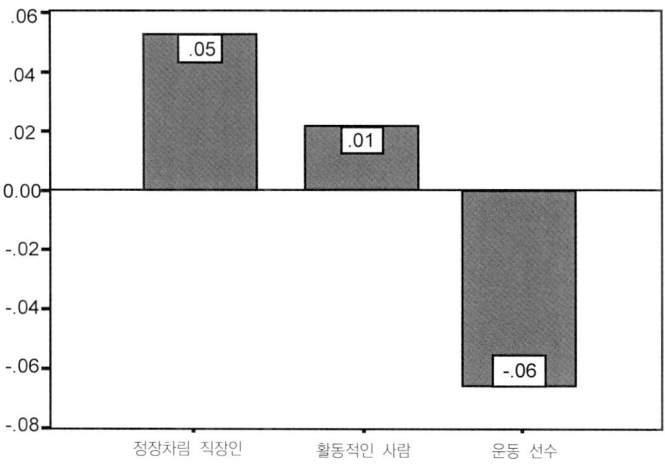

<어울리는 사람>

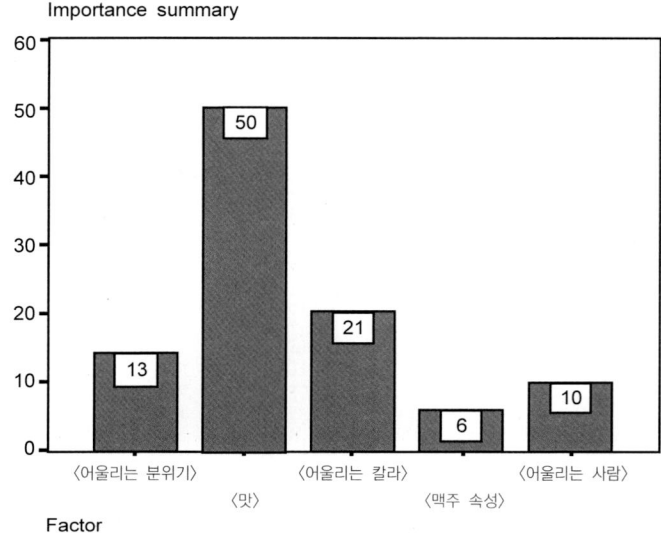

Importance summary

Factor
〈어울리는 분위기〉 〈맛〉 〈어울리는 칼라〉 〈맥주 속성〉 〈어울리는 사람〉

컨조인트 분석의 최종 결과인 효용치 값과 통계 값에 대한 정보는 <그림 8>과 같다. <그림 8>의 결과를 보면 전반적으로 모델 적합성은 Peason's R이 0.956값으로 매우 양호한 편이고 Kendall's tau 값도 매우 좋은 편이라서 모델의 적합성은 판명되었으나 4개의 holdout 값은 모델 적합성이 떨어진다. 이것은 20개의 조합을 평가하는 데 따른 피평가자의 피로현상으로 응답을 성의를 가지고 하지 않았을 가능성이 높다. 위의 결과를 정리하면 <표 8>과 같다.

〈그림 8〉 효용치와 통계 값

```
| Averaged
Importance    Utility        Factor


     ꝑ88%                    MOOD        <어울리는 분위기>
12.92  ꝑ  ꝑ   .0636           ꝑ-           분위기 좋은 호프집
     ꝑ88ꝺ    .0175           ꝑ            야외 활동 중
        ꝑ   -.0810           -ꝑ           클럽이나 술집
        ꝑ
ꝑ8888888%           TASTE        <맛>
ꝑ49.94  ꝑ  ꝑ  .3104           ꝑ----        시원한 맛
ꝑ8888888ꝺ   .0832           ꝑ-           적당히 쏘는 맛
        ꝑ   -.1451           --ꝑ          부드러운 맛
        ꝑ   -.2484           ---ꝑ         구수한 맛
        ꝑ
     ꝑ88%                    COLOR       <어울리는 칼라>
21.11  ꝑ  ꝑ   .1181           ꝑ--          붉은 칼라
     ꝑ888ꝺ  -.1181           --ꝑ          골드 칼라
        ꝑ
        ꝑ%                   ATTRI       <맥주 속성>
 5.61  ꝑꝑ   .0258           ꝑ            맥주 도수 6.9도
       ꝑꝺ  -.0370           ꝑ            최상급 아로마 호프
        ꝑ   .0112           ꝑ            쓴맛 제거
        ꝑ
        ꝑ8%                  PERSON      <어울리는 사람>
10.41  ꝑꝑ  ꝑ  .0530           ꝑ-           정장차림 직장인
       ꝑꝺ   .0106           ꝑ            활동적인 사람
        ꝑ   -.0636           -ꝑ           운동 선수
        ꝑ
              6.4538         CONSTANT


Pearson's R   =   .956                 Significance =   .0000

Kendall's tau =   .929                 Significance =   .0000
Kendall's tau =   .333 for 4 holdouts  Significance =   .2485
```

〈표 8〉 요인별 수준별 Utility 값 및 중요도 계산

요인	수준(level)	Utility	효용치 차이	중요도
분위기	분위기 좋은 호프집 야외활동 중 클럽이나 술집	0.0636 0.0175 -0.0810	0.1446	12.9
맛	시원한 맛 적당히 쏘는 맛 부드러운 맛 구수한 맛	0.3104 0.0832 -0.1451 -0.2484	0.5588	49.9
톤	붉은 컬러 골드 컬러	0.1181 -0.1181	0.2362	21.1
속성	맥주 도수 6.9도 최상급 아로마 호프 쓴맛 제거	0.0258 -0.0370 0.0112	0.0628	5.6
어울리는 사람	정장차림 직장인 활동적인 사람 운동선수	0.0530 0.0106 -0.0636	0.1166	10.4

위의 결과를 보고 컨조인트 모형을 요약하면 소비자 측면에서 맛을 가장 중요하게 생각하고(49.9), 그 다음으로는 톤(21.1), 분위기(12.9), 어울리는 사람(10.4) 등의 순으로 중요하게 생각하는 것으로 나타났다. 그렇다면 전체 응답자들의 가장 좋게 평가하는 최적의 모델은 다음과 같이 정의할 수 있다. 일단 분위기는 '분위기 좋은 호프집'이고 맛은 '시원한 맛', 톤은 '붉은 컬러', 맥주의 컨셉은 '맥주 도수 6.9도' 그리고 어울리는 사람은 '정장차림 직장인'으로 하면 소비자가 가장 선호하는 광고의 컨셉이 된다.

컨셉들의 효용치와 실제 소비자들이 해당 조합에 대해 평가한 값을 비교한 결과는 다음 <표 9>와 같다.

<표 9> 각 제시된 카드의 평균값과 효용치 비교

분위기	맛	컬러	속성	어울리는 사람	평균값	효용치
야외활동	구수한	붉은	쓴맛 제거	활동적인	6.32	− 0.091
야외활동	시원한	골드	아로마 호프	운동선수	6.58	0.109
호프집	시원한	붉은	6.9도	활동적인	7.17	0.529
호프집	부드러운	붉은	쓴맛 제거	운동선수	6.43	− 0.016
클럽분위기	구수한	붉은	아로마 호프	정장차림	6.29	− 0.195
클럽분위기	쏘는	붉은	6.9도	정장차림	6.57	0.199
호프집	쏘는	골드	쓴맛 제거	운동선수	6.61	− 0.024
클럽분위기	시원한	골드	쓴맛 제거	정장차림	6.64	0.176
호프집	구수한	골드	6.9도	정장차림	6.09	− 0.224
호프집	시원한	붉은	6.9도	정장차림	6.82	0.571
야외활동	부드러운	골드	6.9도	활동적인	6.34	− 0.209
호프집	구수한	골드	6.9도	정장차림	6.29	− 0.224
호프집	쏘는	골드	아로마 호프	활동적인	6.39	0.002
호프집	부드러운	붉은	아로마 호프	정장차림	6.54	0.053
클럽분위기	부드러운	골드	6.9도	활동적인	6.09	− 0.308
야외활동	쏘는	붉은	6.9도	정장차림	6.74	0.298
야외활동	구수한	붉은	아로마 호프	정장차림	6.03	− 0.097
클럽분위기	쏘는	붉은	6.9도	정장차림	6.75	0.199
클럽분위기	구수한	골드	아로마 호프	활동적인	6.27	− 0.474
야외활동	부드러운	골드	아로마 호프	운동선수	6.29	− 0.346

앞의 <표 9>에서 보면 실제 소비자들이 평가한 선호도와 효용치 값을 대입한 값들의 비교에서 보면 직접 평가된 선호도 값과 효용치 값이 크게 다르지 않음을 볼 수 있다. 예를 들어 가장 선호도가 높았던 조합은 평균 7.17을 받은 '분위기 좋은 호프집', '시원한 맛', '붉은 컬러', '맥주 도수 6.9도', '활동적인 사람'인데 효용치 값은 0.529로서 효용치 값으로 보아도 거의 제일 높은 값에 가깝다. 이로서 이들 간에는 어느 정도 상관관계가 있는데 앞서 <그림 8>의 통계 값에서도 모델의 적합성이 검증된 바와 같

다. 가장 최적의 안을 광고 컨셉으로 표현하면 <그림 9>와 같다.

<그림 9> 가장 아이디얼 한 광고 컨셉

Ideal Profile
〈어울리는 분위기〉야외활동 중
〈맛〉부드러운 맛
〈어울리는 컬러〉골드 컬러
〈맥주 속성〉최상급 아로마 호프
〈어울리는 사람〉운동선수

효용치를 활용한 시장 세분화 결과

　컨조인트 분석에 의해 컨셉들의 속성 및 수준에 대한 효용치를 구한 후에 소비자들이 컨셉들의 중요도에 대해서 어떻게 세분화될 것인지를 밝히는데 그 목적이 있다. 컨조인트의 효용함수를 활용한 소비자 세분화 분석 모델은 <그림 10>과 같다. 이 세분화의 목적은 광고 컨셉들에 대해서 소비자가 어떻게 니즈들이 차별화되는지를 구조적으로 밝혀내는 것이다. 이렇게 함으로써 컨조인트에 의해서 나온 결과의 해석을 좀더 풍부하게 할 수 있으며 단순한 해석에서 벗어나서 소비자들의 니즈의 구조를 심도 있게 분석할 수 있었다.

　시장 세분화는 마케팅 커뮤니케이션 연구에 있어서 매우 중요한 의미를 갖는다. 광고 컨셉을 제시하는데 세분집단별로 광고 컨셉의 속성들에 대한 태도가 차이가 있을 것이므로 이러한 광고 컨셉 속성 선호도에 의해 시장을 세분화하는 것은 소비자들의 광고 컨셉에 대한 선호도를 세부적으로 분석한다는데 그 의의가 있다. 특히 컨조인트 분석에 의한 효용함수를 바탕으로 소비자들의 세부 속성들의 선호도를 세분화하는 장점은 크게 두 가지로 설명할 수 있다. 첫째는 소비자들의 광고 컨셉 효익에 대한 정밀한 분석, 둘째는 광고 컨셉 평가에 의해 드러난 소비자의 세분화를 근거로 광고 컨섭 제시 전략을 수립할 수 있다는 점이다.

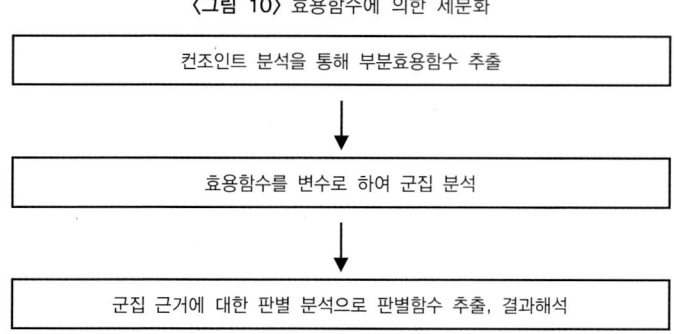

〈그림 10〉 효용함수에 의한 세분화

컨조인트 분석을 통해 부분효용함수 추출

↓

효용함수를 변수로 하여 군집 분석

↓

군집 근거에 대한 판별 분석으로 판별함수 추출, 결과해석

본 연구를 통해서 응답자들을 대상으로 효용치를 시장 세분화 변수로 활용한 결과 몇 개의 세분 집단으로 나눌 수가 있다. 세분 시장을 효용치에 의해서 나눌 수 있다는 것은 시장에 대해서 좀 더 세밀하게 어필할 수 있는 가능성을 가지고 있다. 물론 다양한 광고물이 제시된다고 하면 광고에 있어서 중요한 컨셉과 커뮤니케 이션의 일관성을 방해할 수 있지만 더 중요한 것은 소비자들의 취 향에 맞는 다양성을 이해하는데 반드시 필요한 사항이라고 하겠다.

효용치를 변인으로 하여 군집 분석을 한 결과, 군집은 두 집단으 로 나뉘었고 군집 1은 191명으로 다음의 <표 10>과 같은 효용치 특성을 가지고 있다. 군집 1과 군집 2의 최종 군집된 변인별 중심 값은 <표 11>과 같으며 군집별 인구학적 속성은 <표 12>와 같다.

<표 10> 군집 1의 요인별 수준별 Utility 값 및 중요도 계산

요인	수준(level)	Utility	효용치 차이	중요도
분위기	분위기 좋은 호프집 야외활동 중 클럽이나 술집	0.2496 −0.1222 −0.1274	0.3770	12.8
맛	시원한 맛 적당히 쓰는 맛 부드러운 맛 구수한 맛	0.6021 0.5969 −0.3508 −0.8482	1.4503	49.1
톤	붉은 컬러 골드 컬러	0.1387 −0.1387	0.2775	9.4
속성	맥주 도수 6.9도 최상급 아로마 호프 쓴맛 제거	−0.1187 0.1536 −0.0349	0.2723	9.2
어울리는 사람	정장차림 직장인 활동적인 사람 운동선수	0.3394 −0.1023 −0.2371	0.5766	19.5

전체 집단과 비교해 보면 '맛'에 대한 중요도는 비슷한 수준이고 광고 컨셉 '어울리는 사람'에 대한 중요성이 두 번째로 높았다.

위의 군집 1을 상대로 다시 컨조인트 분석을 한 결과는 <그림 11>과 같았다.

<그림 11> 군집 1의 효용치와 통계 값

```
Averaged
Importance   Utility        Factor

                            MOOD          <어울리는 분위기>
12.76        .2496                        분위기 좋은 호프집
            -.1222                        야외 활동 중
            -.1274                        클럽이나 술집

                            TASTE         <맛>
49.10        .6021                        시원한 맛
             .5969                        적당히 쏘는 맛
            -.3508                        부드러운 맛
            -.8482                        구수한 맛

                            COLOR         <어울리는 칼라>
9.40         .1387                        붉은 칼라
            -.1387                        골드 칼라

                            ATTRI         <맥주 속성>
9.22        -.1187                        맥주 도수 6.9도
             .1536                        최상급 아로마 호프
            -.0349                        쓴맛 제거

                            PERSON        <어울리는 사람>
19.52        .3394                        정장차림 직장인
            -.1023                        활동적인 사람
            -.2371                        운동 선수
             6.3628         CONSTANT


Pearson's R   = .986                      Significance =  .0000

Kendall's tau = .862                      Significance =  .0000
Kendall's tau =  .000 for 4 holdouts      Significance =  .5000
```

　　결과를 보면 Pearson's R값이 1에 가깝고 통계적 유의도도 p < 0.001 수준이었고 Kendall's tau값도 역시 통계적으로 유의하게 나타나 모델이 적합하다고 나타났으며 4개의 holdout card에 대한 적합도는 통계적 유의성이 있다고 나타났다.

　　군집 1의 효용치와 중요도 그래프는 다음 <그림 12>와 같다. <그림 12>에서 보면 알겠지만 군집 분석을 통해서 나타난 효용치 값들과 같음을 알 수 있다.

〈그림 12〉 전체 응답자 집단의 효용치 및 중요도 그래프

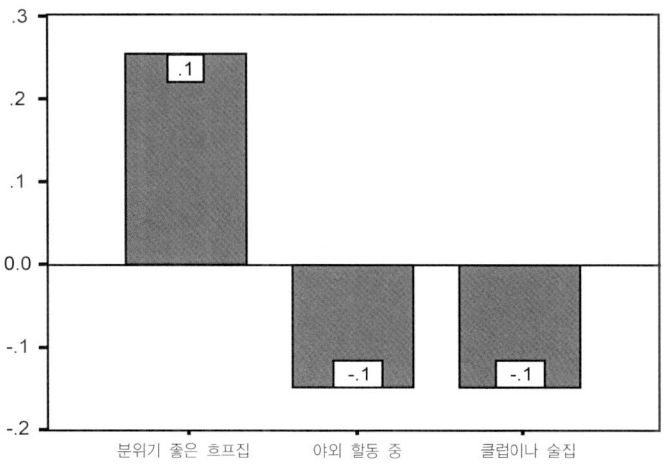

<어울리는 분위기>

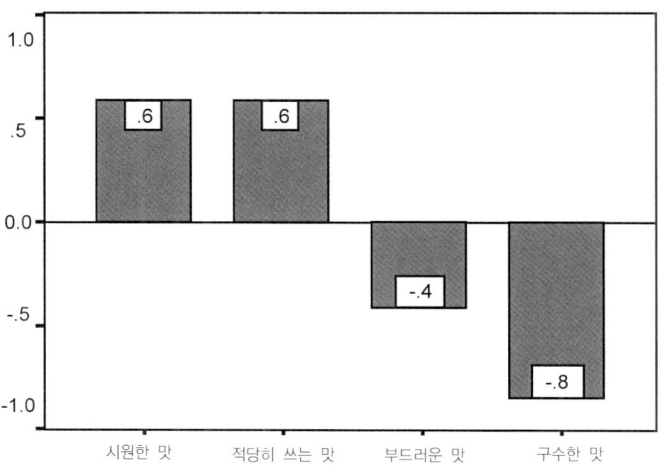

<맛>

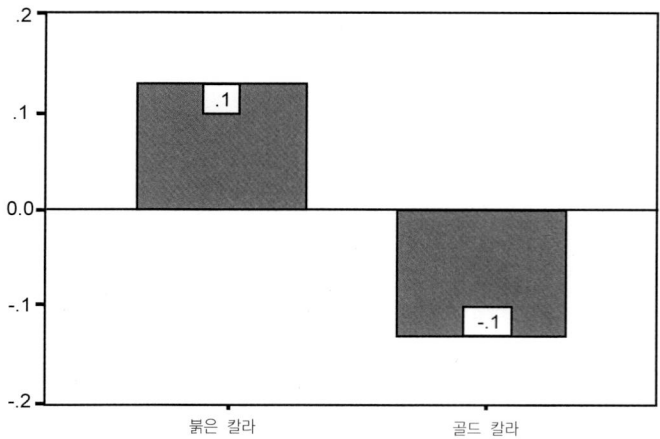

<어울리는 칼라>

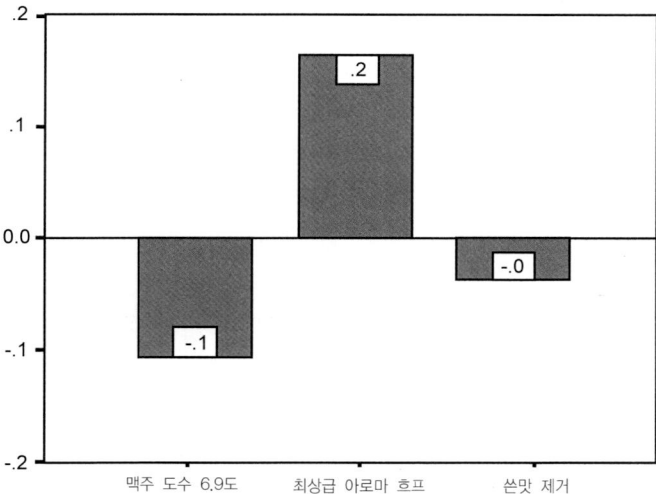

<맥주 속성>

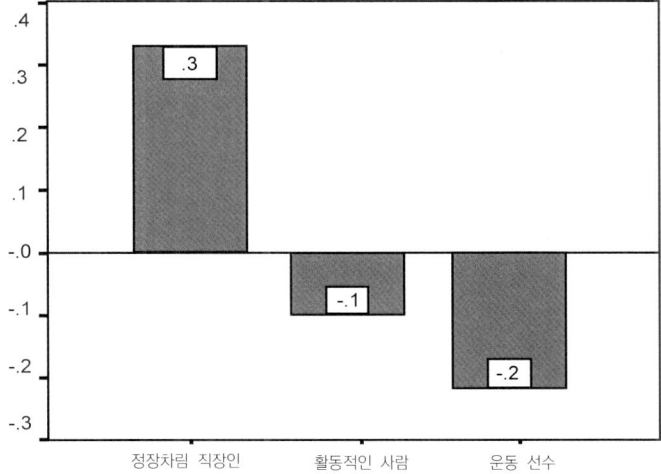

<어울리는 사람>

Importance summary

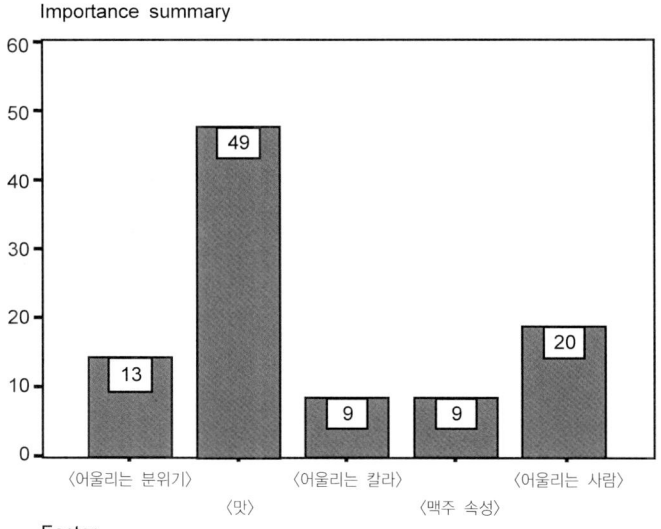

Factor

〈표 11〉 군집별 최종 중심 값

	군집 1	군집 2
분위기 좋은 호프집	0.2496	−0.0629
야외활동 중	−0.1222	0.1124
클럽이나 술집	−0.1274	−0.0495
시원한 맛	0.6021	0.1121
적당히 쏘는 맛	0.5969	−0.2660
부드러운 맛	−0.3508	−0.0053
구수한 맛	−0.8482	0.1593
붉은 컬러	0.1387	0.0141
골드 컬러	−0.1387	−0.0141
맥주 도수 6.9도	−0.1187	0.1240
최상급 아로마 호프	0.1536	−0.1665
쓴맛 제거	−0.0349	0.0426
정장차림 직장인	0.3394	−0.1418
활동적인 사람	−0.1023	0.0873
운동선수	−0.2371	0.0544

〈표 12〉 조사 대상자들의 응답자 특성

인구학적 속성		군집 1		군집 2	
		사례수	%	사례수	%
성별	남자	92	48.2	132	47.0
	여자	99	51.8	149	53.0
연령별	20대	46	24.1	74	26.3
	30대 초반	74	38.7	99	35.2
	30대 후반	71	37.2	108	38.4
직업별	대학/대학원생	42	22.0	57	20.3
	자영/판매/기술직	25	13.1	46	16.4
	사무직	62	32.5	80	28.5
	경영/관리/전문직	25	13.1	52	18.5
	주부	18	9.4	14	5.0
	무직/기타	19	9.9	32	11.4
총계		191	100.0	281	472

전체 응답자가 475명인데 군집 분석에 의한 사례수는 472명으로서 3명이 군집에서 제외된 결과이다. 군집별 인구학적 속성은 성별로 보면 군집 1과 군집 2가 거의 같은 특성을 갖는 것을 알 수 있고 연령별로도 크게 차이가 없었다. 직업별로는 군집 1이 사무직이 약간 더 많은 비중을 보였으며 군집 2는 상대적으로 경영/관리/전문직의 비율이 더 높았다.

또한 군집별로 음용정도와 맥주 선호 형태를 분석해 본 결과는 <표 13>과 같았다.

〈표 13〉 군집별 맥주 음용 정도 및 맥주 선호 형태 비교

특 성		군집 1		군집 2	
		사례수	%	사례수	%
맥주 음용량 (1주일 기준)	1 병 정도	100	52.4	128	45.6
	2~3 병 정도	59	30.9	112	39.9
	4~5 병 정도	18	9.4	30	10.7
	6 병 이상	14	7.3	11	3.9
선호 맥주형태	병맥주	137	71.7	216	76.9
	생맥주	54	28.3	65	23.1
총계		191	100.0	281	100.0

두 군집의 맥주 음용량에는 약간의 차이가 있었는데 군집 1은 1주일에 한 병 정도의 응답자가 52.4%였던 반면에 군집 2는 한 병 정도의 응답자 비율이 45.6%였던 반면 2~3병 정도의 비율이 10%포인트 더 많았다. 선호 맥주 형태는 군집 2가 병맥주를 선호하는 비율이 군집 1보다 약간 더 높았다. 다음 <표 14>는 군집 2의 요인별 수준별 Utility 값 및 중요도 값이다.

<표 14> 군집 2의 요인별 수준별 Utility 값 및 중요도 계산

요인	수준(level)	Utility	효용치 차이	중요도
분위기	분위기 좋은 호프집 야외활동 중 클럽이나 술집	− 0.0629 0.1124 − 0.0495	0.1753	13.2
맛	시원한 맛 적당히 쓰는 맛 부드러운 맛 구수한 맛	0.1121 − 0.2660 − 0.0053 0.1593	0.4253	32.0
톤	붉은 컬러 골드 컬러	0.1041 − 0.1041	0.2082	15.7
속성	맥주 도수 6.9도 최상급 아로마 호프 쓴맛 제거	0.1240 − 0.1665 0.0426	0.2905	21.9
어울리는 사람	정장차림 직장인 활동적인 사람 운동선수	− 0.1418 0.0873 0.0544	0.2291	17.2

군집 2의 요인별 중요도는 맛이 가장 높았지만 군집 1보다는 중요도가 상대적으로 낮았으며 속성, 어울리는 사람, 톤 등으로 중요한 순서로 나타났다. 군집 2를 대상으로 컨조인트 분석을 실시한 결과 다음 <그림 13>과 같은 결과가 나타났다. <그림 13>에 제시된 바와 같이 결과를 보면 Pearson's R값이 1에 가깝고 통계적 유의도도 $p < 0.001$ 수준이었고 Kendall's tau값도 역시 통계적으로 유의하게 나타나 모델이 적합하다고 나타났으며 4개의 holdout card에 대한 적합도 역시 통계적 유의성이 있다고 나타났다.

〈그림 13〉 군집 2의 효용치와 통계 값

```
  Averaged
Importance   Utility         Factor

      ┌888┐             MOOD        <어울리는 분위기>
13.19 *    *  -.0629              -*      분위기 좋은 호프집
      └888┘   .1124              *--      야외 활동 중
            *  -.0495            -*      클럽이나 술집
            *
┌888888888┐                 TASTE       <맛>
*32.02    *   .1121            *--     시원한 맛
└88888888┘  -.2660          ----*     적당히 쏘는 맛
            *  -.0053           *       부드러운 맛
            *   .1593           *--     구수한 맛

      ┌888┐               COLOR       <어울리는 칼라>
15.67*   *   .1041             *--     붉은 칼라
      └888┘  -.1041           --*      골드 칼라

   ┌88888┐                 ATTRI       <맥주 속성>
*21.87 *   .1240              *--     맥주 도수 6.9도
   └8888┘  -.1665            ---*     최상급 아로마 호프
            *   .0426           *-      쓴맛 제거

    ┌888┐                  PERSON      <어울리는 사람>
17.25*   *  -.1418            --*      정장차림 직장인
    └888┘   .0873             *-      활동적인 사람
            *   .0544           *-      운동 선수
            *
                6.5157       CONSTANT


Pearson's R   =  .957                    Significance =  .0000

Kendall's tau =  .783                    Significance =  .0000
Kendall's tau =  .000 for 4 holdouts     Significance =  .5000
```

군집 2의 효용치와 중요도 그래프는 다음 <그림 14>와 같다. <그림 14>에서 보면 알겠지만 군집 분석을 통해서 나타난 효용치 값들과 같음을 알 수 있다.

<그림 14> 군집 2의 효용치 및 중요도 그래프

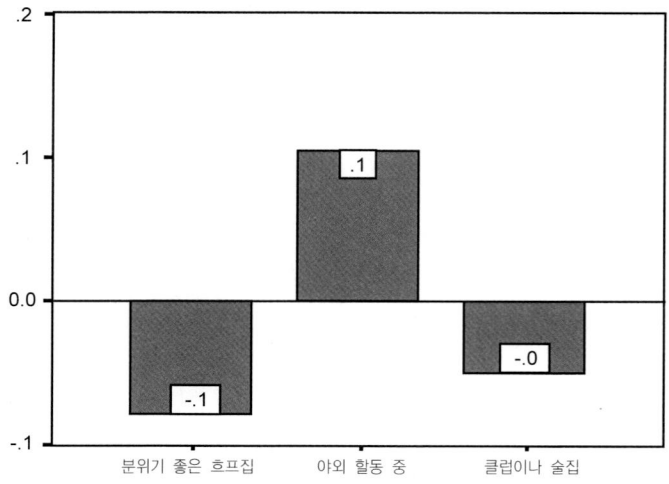

<어울리는 분위기>

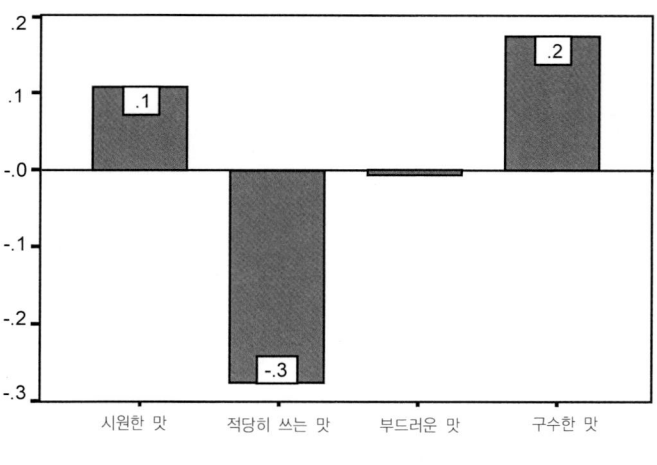

<맛>

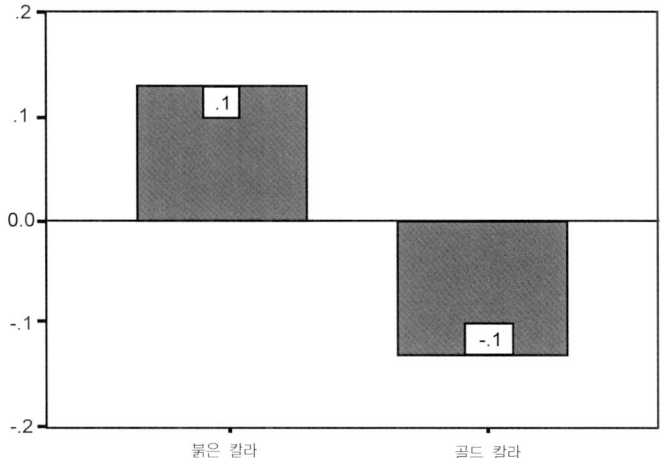

<어울리는 칼라>

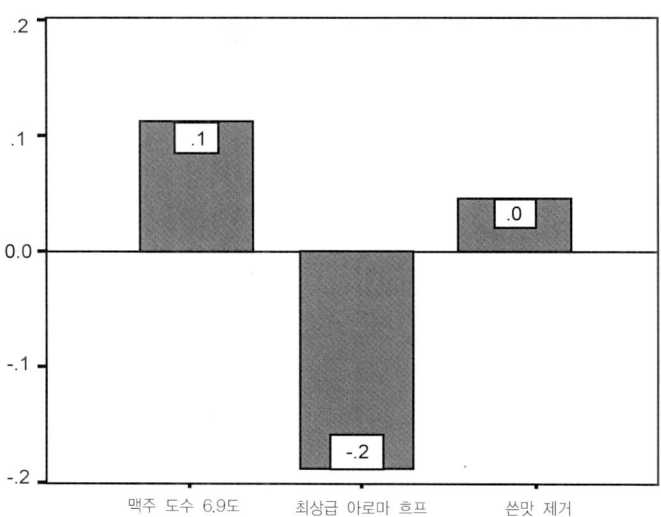

<맥주 속성>

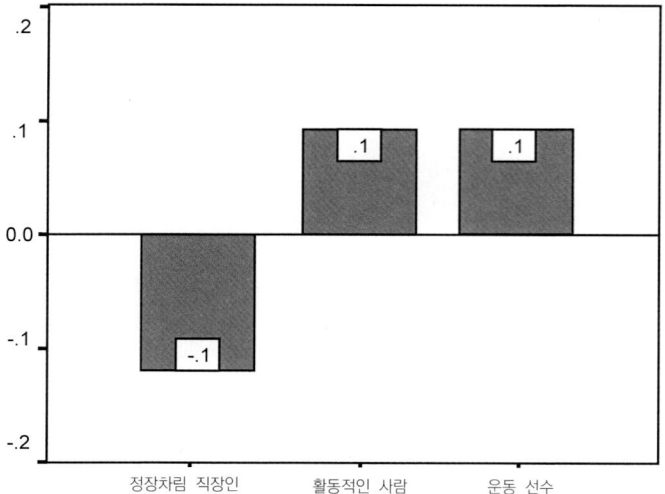

<어울리는 사람>

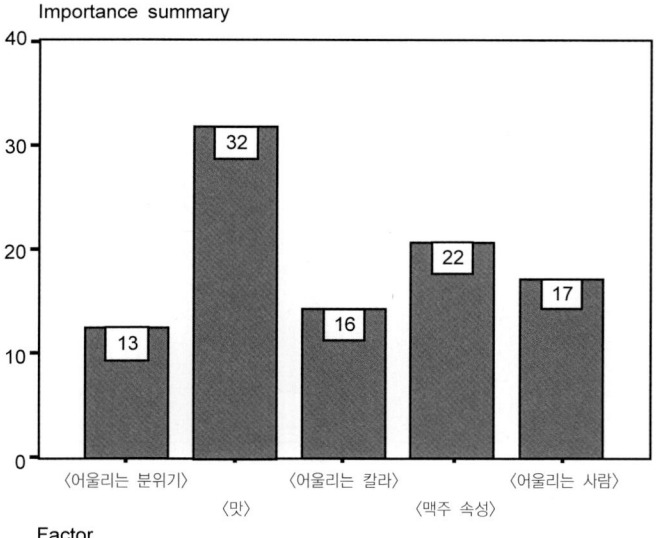

Importance summary

Factor

군집 별로 요인별, 수준별 효용치 값과 중요도를 비교한 것이
〈표 15〉에 나타나 있다.

〈표 15〉 군집1과 군집2의 요인별, 수준별 Utility 값 및 중요도 비교

요인	수준(level)	군집 1		군집 2	
		효용치	중요도	효용치	중요도
분위기	분위기 좋은 호프집 야외활동 중 클럽이나 술집	0.2496 −0.1222 −0.1274	12.8	−0.0629 .1124 −0.0495	13.2
맛	시원한 맛 적당히 쏘는 맛 부드러운 맛 구수한 맛	0.6021 0.5969 −0.3508 −0.8482	49.1	0.1121 −0.2660 −0.0053 0.1593	32.0
톤	붉은 컬러 골드 컬러	0.1387 −0.1387	9.4	0.1041 −0.1041	15.7
속성	맥주 도수 6.9도 최상급 아로마 호프 쓴맛 제거	−0.1187 0.1536 −0.0349	9.2	0.1240 −0.1665 0.0426	21.9
어울리는사람	정장차림 직장인 활동적인 사람 운동선수	0.3394 −0.1023 −0.2371	19.5	−0.1418 0.0873 0.0544	17.2

효용치에 의한 군집 1과 군집 2를 비교하면 중요도 측면에서는
톤과 속성이 차이가 났다. 특별히 두 군집에서 차이가 나는 부분
은 가장 선호되는 광고 컨셉에서의 차이이다. 군집 1은 '분위기 좋
은 호프집', '시원한 맛', '붉은 컬러', '최상급 아로마 호프', '정장
차림의 직장인'이었던 반면에 군집 2는 '야외활동 중', '구수한
맛', '붉은 컬러', '맥주 도수 6.9도', '활동적인 사람' 등으로 차이
가 났다. 따라서 두 집단은 인구학적으로 차이가 나지 않았지만
특성별로 보면 두 개의 광고 컨셉을 20, 30대를 대상으로 제시하

는 것이 세분 집단별 광고 컨셉에 부합하는 것이라고 할 수 있다. 단 세분 집단별 특성이 두드러지게 나타나지 않을 때는 전체 20, 30대를 대상으로 했던 컨셉의 조합들로 제시하는 것도 하나의 방법이다. 군집 1이 가장 선호하는 광고 컨셉을 표시하면 <그림 15>와 같다.

〈그림 15〉 군집 1에 의해 선호 가능성이 가장 높은 광고

〈그림 16〉 군집 2에 의해 선호 가능성이 가장 높은 광고

연구 결과 및 논의

연구 결과는 다음과 같았다. 본 연구서는 컨조인트 분석을 활용하여 광고 컨셉을 추출하는 과정을 정성적 조사와 정량적 조사를 병행하면서 연구를 하였다. 기본적으로 타깃 집단에 대해서 광고 컨셉을 추출하기 위하여 연구자는 해당되는 타깃 남, 여 20대 집단을 대상으로 FGI(Focus Group Interview)를 실시하였다. FGI를 실시한 후 응답자들에게서 나온 다양한 의견들을 범주화하였다. 물론 범주를 시키는 과정에서는 범주들을 서로 동등한 것끼리 또는 차이나는 것끼리 묶어 내는 작업이 필요하였다. 이러한 과정을 통해서 다양한 종류의 범주들이 생성되었는데 연구를 위하여 광고 컨셉 범주를 맥주를 마시는 분위기, 맥주의 맛, 맥주의 속성, 광고의 톤(컬러), 광고와 어울리는 사람 등으로 하여 FGI에서 나온 얘기를 공통적으로 적용할 수 있는 조합들을 만들어 냈다. 이러한 과정을 통해서 맥주 음용 분위기 3가지, 맥주의 맛 4가지, 어울리는 컬러 2가지, 맥주 속성 3가지, 어울리는 사람 3가지 등으로 총 3×4×2×3×3=216가지의 조합이 생성됨을 알 수 있었는데 실질적으로 216가지의 조합을 평가하기에는 현실적으로 불가능하다. 이러한 점을 해결해 줄 수 있는 것이 바로 컨조인트 분석이다. 조합의 최적화된 최소의 조합으로 전체 조합을 대표할 수 있는 방식으로 전체 조합에서 개별 조합을 구성한 내용들의 효용치를 계산해 내는 것이 바로 컨조인트의 장점이다.

최적의 조합은 컨조인트 분석에서 생성해 주는데 이번 연구에서는 20개의 조합을 추출했는데 16개가 순수하게 컨조인트 모델을 평가하는 것이었고 4개는 소위 hold-out card라고 해서 별도의 무작위로 평가된 조합들이 모델과 얼마나 적합한가를 살펴보는 비교 분석용 조합이라고 생각하면 된다. 20개의 조합은 사실 소비자들이 평가하기에 좀 힘든 측면도 있으나 조사 대상자들을 대상으로 조사하였는데 많은 응답자들이 매우 무성의하게 표시해서 전체 조합에 같은 점수를 주거나 하여 이들을 제외시켰다.

이 과정을 통해서 475개의 응답이 최종 분석에 사용되었다. 최종 분석을 통해서 나타난 결과는 16개 조합의 모델 적합도는 매우 양호한 편이었고 4개의 hold-out card에 대해서는 모델 적합도가 떨어졌는데 연구자의 판단에 의하면 20개를 평가하는 과정에서 응답자의 피로도가 증가해서 이러한 결과가 나타난 것으로 추측해 볼 수 있다.

컨조인트 분석을 통해서 소비자들이 선호하는 최적의 광고 컨셉을 예상할 수 있었다. 또한 컨조인트 분석을 통해서 개별 소비자들이 갖는 효용치를 함수화하여 이를 바탕으로 차후 분석을 하도록 데이터를 구성하였다. 이 데이터를 기초로 하여 군집분석한 결과, 군집은 크게 두 가지로 구별되었는데 각 군집별 특성은 인구학적 속성이나 맥주의 소비형태 등에 커다란 차이를 보이지 않았다. 단지 두 군집을 묶어 낸 함수가 각 속성별 효용치를 기초로 하였으므로 각 군집별로 선호하는 형태의 광고 분위기와 컨셉을 크게 둘로 나눠 볼 수 있었다. 이 결과를 광고에 적용하자면 크게 두 가지 인쇄 광고를 분위기에 맞게 인쇄하여 배포할 수도 있고 전체 통일된 컨셉을 갖게 하기 위해서는 가장 적합한 모델이었던 것을 광고 컨셉으로 하여 광고물을 제작하는 방향도 고려해 볼 수 있다.

결론적으로 본 연구의 분석결과를 통해 다음과 같은 몇 가지 의미를 찾고자 한다. 첫째, 마케팅 분야에서 제품 컨셉의 평가나 제품 디자인에서 적용했던 방법과 큰 차이가 없지만 본 연구를 통해서 광고 컨셉의 추출과 선택 과정을 좀 더 객관화하는 방법을 제시할 수 있다. 둘째, 소비자 중심의 광고 컨셉 개발 과정을 통해 최근에 많이 논의되고 있는 Market-in 사고 접근 방법의 광고를 접목, 광고의 Market-in식 접근 방식에 대한 방법적인 툴을 제공할 수 있다. 시장 중심적인 접근 방식이 갖는 특징은 결국 광고의 컨셉 제시도 소비자로부터 시작할 수 있다는 것을 의미한다. 따라서 광고의 기획과 제작 과정에서 좀 더 소비자 중심의 광고 컨셉 추출 방식을 연구하여 제시하는 것은 이러한 시장 중심적 접근 틀을 형성시키는 데 일조를 할 수 있을 것이다.

그렇지만 본 연구는 다양한 연구의 효용성 이면에 몇 가지 한계점을 갖고 있다. 가장 우선적으로 제시하는 한계는 다양한 집단을 대상으로 한 FGI 실시를 하지 못한 점이다. 좀 더 다양한 소비자들의 소리를 듣고 이것에 의해서 적용할 수 있는 타깃별 니즈들을 다양하게 반영하고 있지 못하다는 점이다. 일반적으로 맥주의 경우는 대개 타깃이 20, 30대인 경우가 많으나 연구 실행의 한계로 인하여 중요한 타깃인 30대에 대해서 FGI를 실시하지 못했다. 그러나 이러한 점은 본 연구가 실험적인 성격을 가지면서 일단의 방법에 대한 사례 연구를 통해 실무에의 적용 가능성을 보는 것이므로 실무자나 다른 연구자들이 다양하게 시도할 것을 제시한다.

두 번째 본 연구의 한계점은 광고의 성격상 컨셉 제시는 단지 언어만으로는 불완전하다는 점이다. 광고 컨셉을 제시하기 위해서는 컨셉의 구성을 이미지와 카피로 제시하지 못했던 점이다.

세 번째는 본 연구가 이미 시장에 나온 제품을 대상으로 하였다는 점이다. 연구 목적을 달성하기 위해서 너무 가상의 제품이나 구성을 할 경우 연구 결과에 bias가 생길 가능성이 많아진다. 물론 이미 나온 제품과 그 광고가 제작되어 나온 제품을 다시 연구의 대상으로 하는 데는 한계가 있었으나 본 연구 시점이 해당 제품이 출시된 지 얼마 되지 않은 단계에서 시작되었으므로 기존 출시된 제품으로서 피연구자들에게 주는 인지적인 영향은 그렇게 많이 존재하지 않았다는 가정하에서 연구를 진행하였다.

컨조인트 분석의 가장 큰 마케팅적 역할은 신제품 개발에 많이 초점을 갖고 있었던 점도 있다. 그러나 컨조인트 분석은 소비자들의 평가에 의한 개별 속성의 수준별 평가에 대한 역산이 가능하다는 점이 매우 매력적이다. 조합된 결과를 분석하여 개별 속성과 수준들의 효용치를 역산해 나가는 방식이 매우 흥미롭고 다양한 적용이 가능하다는 점이다. 따라서 다양한 적용을 통해 현업에서 다양하게 적용한다는 강점을 충분히 이해하면 다양한 적용 작업이 이루어질 수 있을 것이다.

본 연구를 마치면서 앞으로 다양한 과학적인 사전 입증 방법을 통한 다양한 광고 분야의 연구들이 더 깊이 있게 진행되기를 바란다. 비록 본 연구가 제약점이나 한계점이 많더라도 실무나 연구를 위한 작은 자극이 되길 바랄 뿐이다.

장택원(1998), 「세탁기 외형 디자인 선정을 위한 컨조인트 분석 및 utility에 의한 세분화」, SPSS 사용자 사례 논문, 122 - 136.

Adamowicz, W. L., J. J. Louviere, and M. Williams(1994), "Combining stated and revealed preference methods for valuing environmental amenities", *Journal of Environmental Economics Management*, 26(3), 271 - 96.

Batsell, R. R. and L. M. Lodish(1981), "A model and measurement methodology for predicting individual consumer choice", *Journal of Marketing Research*, 18(1), 1 - 12.

Batsell, R. R. and J. J. Louviere(1991), "Experimental analysis of choice", *Marketing Letters*, 2(3), 199 - 214.

Blankenship, A. B., Breen, George Edward and Dutka, Alan(1998), *State of the Art Marketing Research*, 2nd Ed., (Chicago, IL: NTC Business Books).

Boxall, P. C., W. L. Admowicz, J. Swait M. Williams, and J. J. Louviere(1996), "A comparison of stated preferences methods for environmental analysis", *Ecological Economics*, 18(3), 243 - 53.

Carson, R. T., J. J. Louviere, D. A. Anderson, P. Aravie, D. A. Hensher, R. M. Johnson, W. F. Kuhfeld, D. Steinberg, J. Swait, H. Timmermans, and J. B. Wiley(1994), "Experimental analysis of choice", *Marketing Letters*, 5(4), 351 - 68.

Dellaert, B., A. Borgers, and H. Timmermans(1995), "A day in the city.

Using conjoint choice experiments to model urban tourists' choice of activity package", *Tourism Management*, 16(5), 347 – 53.

Gibson, Lawrence D.(2001), "What's Wrong With Conjoint Analysis?", *Marketing Research*(Winter), 16 – 17.

Green, Paul E.(2001), "The Vagaries of Becoming(and Remaining) a Marketing Research Methodologist", *Journal of Marketing*, 66(July), 104 – 108.

Green, Paul E.(1984), "Hybrid Models for Conjoint Analysis: An Expository Review", *Journal of Marketing Research*, 21(May), 155 – 159.

Green, Paul E., and Abba M. Krieger(1991), "Segmenting Markets With Conjoint Analysis", *Journal of Marketing*, 55(October), 20 – 31.

Green, Paul E., and Abba M. Krieger(2002), "What's right with conjoint analysis?", *Marketing Research*(Spring), 25 – 27.

Green, Paul E., and V. Srinivasan(1990), "Conjoint Analysis in Marketing: New Developments With Implications for Research and Practice", *Journal of Marketing*, 54(4), 3 – 19.

Green, Paul E., and Yoram Wind(1975), "New way to measure consumers' judgments", Harvard Business Review, July – August, 107 – 17.

Hensher, D. A.(1994), "Stated preferences analysis of travel choices – the state of practice", *Transformation*, 21(2), 107 – 33.

Lourviere, Jordan J. and George Woodworth(1989), "Design and Analysis of Simulated Consumer Choice or Allocation Experiments: A Method Based on Aggregate Data", *Jounal of Marketing Research*, 20(November), 350 – 67.

Louviere, J. J., and H. J. P. Timmermans(1990), "Stated preferences and choice models applied to recreation research: a review", *Leisure Sciences*, 12, 9 – 32.

McFadden, D.(1986), "The choice theory approach to marketing research", *Marketing Science*, 5(4), 275 – 97.

Moore, William L. and Richard J. Seminik(1988), "Measuring Perference With Hybrid Conjoint Analysis: The Impact of a Different

Number of Attributes in the Master Design", *Journal of Business Research*, 16, 261 − 274.

Oppewal, H., and H. Timmermans(1999), "Modelling consumer perception of public space in shopping centres", *Environment and Behavior*, 9(1), 45 − 65.

Oppewal, H., H. Timmermans, and J. J. Louviere(1997), "Modelling the effects of shopping centre size and store variety on consumer choice behaviour", *Environment and Planning A*, 29(6), 1073 − 90.

Stuhl, S. (1994), "Discreet choice modelling. Understanding a 'better conjoint than conjoint'", *Quirk's Marketing Research Review*, 8(6), 12 − 17.

Wittink, Dick R., and Philippe Cattin(1982), "Commercial Use of Analysis: A Survey", *Journal of Marketing*, 46(Summer), 44 − 53.

Wittink, Dick R., and Philippe Cattin(1989), "Commercial Use of Analysis: An Update", *Journal of Marketing*, 53(July), 91 − 96.

맥주 컨셉 추출을 위한 조사

안녕하세요! 다음은 맥주에 대한 컨셉을 추출하기 위한 조사입니다. 바쁘시더라도 잠시 시간을 내어 주시면 감사하겠습니다.

문1. 귀하께서는 연령이 어떻게 되십니까?

    1) 19세 미만 － > 면접 중단

    2) 20 ~ 24세

    3) 25 ~ 29세

    4) 30 ~ 34세

    5) 35 ~ 39세

    6) 40세 이상 면접 중단

문2. 귀하께서는 맥주를 일주일에 평균 얼마나 드십니까? 500㎖ 병을 기준으로 말씀해 주십시오.

    1) 전혀 마시지 않는다 － > 면접 중단

    2) 한 병 정도

    3) 두세 병 정도

4) 네다섯 병 정도

5) 여섯 병 이상

문3. 귀하께서는 주로 병맥주를 드십니까? 생맥주를 드십니까?
1) 병맥주
2) 생맥주

〈다음 제시되는 맥주에 대한 글을 읽으시고 물음에 답하십시오.〉

"A맥주회사는 국내 맥주 가운데 알코올 도수가 가장 높은 6.9도 R을 출시했다. R맥주는 고알코올 발효공법을 적용해 맥주의 상쾌함을 살리면서 강하고 풍부한 맛을 최적화시켰다.

최상급의 아로마 호프를 사용해 고알코올 맥주의 쓴맛을 제거하는 등 고가 재료를 채택해 생산원가가 기존 제품보다 20% 이상 높지만 가격은 기존제품과 같다.

A맥주는 기존 맥주에 대한 소비자들의 불만을 조사한 결과, 40% 이상이 '알코올 도수가 낮다'고 지적해 신제품을 출시하게 됐다.

R맥주는 브랜드 네임을 강조하기 위해 로고 배경을 경쾌한 레드 컬러로 표현하고 로고에 회오리 무늬를 접목시켰다.

출고가는 캔(355 ㎖)은 1,000원, 병(500 ㎖)은 930원, 큐팩(1.6 ℓ)은 3,130원이다."

문4. 위의 글을 읽으시고 다음에 제시되는 위의 맥주와 가장 어울리는 정도를 10점 만점으로 평가하되 전혀 안 어울리면 0점을 매우 잘 어울리면 10점을 주시면 됩니다.

```
A1)
〈어울리는 분위기〉야외활동 중
〈맛〉구수한 맛
〈어울리는 컬러〉붉은 컬러
〈맥주 속성〉쓴맛 제거
〈어울리는 사람〉활동적인 사람
```

.... (   )점

```
A2)
〈어울리는 분위기〉야외활동 중
〈맛〉시원한 맛
〈어울리는 컬러〉골드 컬러
〈맥주 속성〉최상급 아로마 호프
〈어울리는 사람〉운동선수
```

.... (   )점

```
A3)
〈어울리는 분위기〉분위기 좋은 호프집
〈맛〉시원한 맛
〈어울리는 컬러〉붉은 컬러
〈맥주 속성〉맥주 도수 6.9도
〈어울리는 사람〉활동적인 사람
```

.... (   )점

A4)
〈어울리는 분위기〉분위기 좋은 호프집
〈맛〉부드러운 맛
〈어울리는 컬러〉붉은 컬러
〈맥주 속성〉쓴맛 제거
〈어울리는 사람〉운동선수

.... (   )점

B1)
〈어울리는 분위기〉클럽이나 술집
〈맛〉구수한 맛
〈어울리는 컬러〉붉은 컬러
〈맥주 속성〉최상급 아로마 호프
〈어울리는 사람〉정장차림 직장인

.... (   )점

B2)
〈어울리는 분위기〉클럽이나 술집
〈맛〉적당히 쏘는 맛
〈어울리는 컬러〉붉은 컬러
〈맥주 속성〉맥주 도수 6.9도
〈어울리는 사람〉운동선수

.... (   )점

B3)
〈어울리는 분위기〉분위기 좋은 호프집
〈맛〉적당히 쏘는 맛
〈어울리는 컬러〉골드 컬러
〈맥주 속성〉쓴맛 제거
〈어울리는 사람〉정장차림 직장인

.... (   )점

B4)
〈어울리는 분위기〉클럽이나 술집
〈맛〉시원한 맛
〈어울리는 컬러〉골드 컬러
〈맥주 속성〉쓴맛 제거
〈어울리는 사람〉정장차림 직장인

.... ( )점

C1)
〈어울리는 분위기〉분위기 좋은 호프집
〈맛〉구수한 맛
〈어울리는 컬러〉골드 컬러
〈맥주 속성〉맥주 도수 6.9도
〈어울리는 사람〉운동선수

.... ( )점

C2)
〈어울리는 분위기〉분위기 좋은 호프집
〈맛〉시원한 맛
〈어울리는 컬러〉붉은 컬러
〈맥주 속성〉맥주 도수 6.9도
〈어울리는 사람〉정장차림 직장인

.... ( )점

C3)
〈어울리는 분위기〉야외활동 중
〈맛〉부드러운 맛
〈어울리는 컬러〉골드 컬러
〈맥주 속성〉맥주 도수 6.9도
〈어울리는 사람〉정장차림 직장인

.... ( )점

C4)
〈어울리는 분위기〉분위기 좋은 호프집
〈맛〉구수한 맛
〈어울리는 컬러〉골드 컬러
〈맥주 속성〉맥주 도수 6.9도
〈어울리는 사람〉정장차림 직장인

.... (   )점

D1)
〈어울리는 분위기〉분위기 좋은 호프집
〈맛〉적당히 쏘는 맛
〈어울리는 컬러〉골드 컬러
〈맥주 속성〉최상급 아로마 호프
〈어울리는 사람〉활동적인 사람

.... (   )점

D2)
〈어울리는 분위기〉분위기 좋은 호프집
〈맛〉부드러운 맛
〈어울리는 컬러〉붉은 컬러
〈맥주 속성〉최상급 아로마 호프
〈어울리는 사람〉정장차림 직장인

.... (   )점

D3)
〈어울리는 분위기〉클럽이나 술집
〈맛〉부드러운 맛
〈어울리는 컬러〉골드 컬러
〈맥주 속성〉맥주 도수 6.9도
〈어울리는 사람〉활동적인 사람

.... (   )점

D4)
〈어울리는 분위기〉야외활동 중
〈맛〉적당히 쏘는 맛
〈어울리는 컬러〉붉은 컬러
〈맥주 속성〉맥주 도수 6.9도
〈어울리는 사람〉정장차림 직장인

.... ( )점

E1)
〈어울리는 분위기〉야외활동 중
〈맛〉구수한 맛
〈어울리는 컬러〉붉은 컬러
〈맥주 속성〉최상급 아로마 호프
〈어울리는 사람〉정장차림 직장인

.... ( )점

E2)
〈어울리는 분위기〉클럽이나 술집
〈맛〉적당히 쏘는 맛
〈어울리는 컬러〉붉은 컬러
〈맥주 속성〉맥주 도수 6.9도
〈어울리는 사람〉정장차림 직장인

.... ( )점

E3)
〈어울리는 분위기〉클럽이나 술집
〈맛〉구수한 맛
〈어울리는 컬러〉골드 컬러
〈맥주 속성〉최상급 아로마 호프
〈어울리는 사람〉활동적인 사람

.... ( )점

E4)
〈어울리는 분위기〉야외활동 중
〈맛〉부드러운 맛
〈어울리는 컬러〉골드 컬러
〈맥주 속성〉최상급 아로마 호프
〈어울리는 사람〉운동선수

·· (   )점

장택원 —————————————————————————————

▌약력

서강대학교 신문방송학과 졸업
서강대학교 대학원 신문방송학과 석사
서강대학교 대학원 신문방송학과 박사

대구 가톨릭대학교 언론광고학부 교수
A. C. Nielsen Korea 소비자사회조사부 연구원
㈜ 미디어 리서치 선임연구원
㈜ 리서치 맵 책임연구원
금강기획 현대방송 마케팅부
한국능률협회컨설팅 Research&Consulting 본부 본부장 역임
한국능률협회컨설팅 서비스 아카데미 교수 역임
한국능률협회컨설팅 대한민국마케팅 대상 심사위원 역임
매일신문 광고대상 심사위원 역임
AD Challenge 대구, 경북지역 집행위원 역임
KOBACO 대구, 경북지역 교육자문위원

▌주요논문

「서비스 기업의 광고, 기업 이미지, 서비스 품질과 고객 충성도의 구조 관계 연구」
「서비스 기업의 서비스 품질평가, 고객만족도와 재구매, 타인 추천의향 간 구조 연구」
 ― 한국고객만족경영학회 ― 2002년 학회 우수 논문상 수상 논문
「광고 노출이 서비스 유형성에 주는 영향 연구」
「한국의 기업이미지의 특성에 관한 연구」
「디지털 방송 광고의 효과 측정에 관한 전망과 문제점에 대한 연구」
「KCSI와 재무적 성과와의 연관관계 규명에 관한 연구」 등 다수

컨조인트 분석을 활용한 광고 컨셉 개발

초판인쇄 | 2009년 4월 20일
초판발행 | 2009년 4월 20일

지은이 | 장택원
펴낸이 | 채종준
펴낸곳 | 한국학술정보㈜
주 소 | 경기도 파주시 교하읍 문발리 513-5 파주출판문화정보산업단지
전 화 | 031) 908-3181(대표)
팩 스 | 031) 908-3189
홈페이지 | http://www.kstudy.com
E-mail | 출판사업부 publish@kstudy.com

등 록 | 제일산-115호(2000. 6. 19)
가 격 | 18,000원

ISBN 978-89-534-1999-5 93320 (Paper Book)
       978-89-534-2000-7 98320 (e-Book)

내일을여는지식 은 시대와 시대의 지식을 이어 갑니다.